頭のいい継続こそ力なり。

塚本亮

すばる舎

まえがき

■恥ずかしいほど、グダグダだった

「明日こそ、早起きしよう」
「もっと、しっかり勉強しなくちゃ」
「あー、英単語も覚えないと……」

こんなふうに、やろうと決めたことや習慣を実行できない。
毎日、負けた気分で、やる気も落ちる。これは、かつての私自身です。
高校時代、偏差値30台だった私は恥ずかしいほどグダグダな毎日を送っていました。
一念発起して「大学受験をするぞ！」と決意して勉強を始めたものの、それまで身に付けてきた悪習慣も相まって、なかなか持続できないのです。

・早起きしようと思っても、夜更かししてしまう
・買った参考書をほぼ解かずに放置する
・机に向かっても、気が散って別のことを始めてしまう
・一度、挫折すると諦めてしまう

頑張ろうという気持ちは人一倍強いのですが、なかなか行動に結びつかず、結果的に挫折してしまうのです。

■実は非効率的だった⁉

なぜ、やろうと決めたことを実行できないのか？

それにはいくつも理由がありますが、そのひとつが「完璧にやろうとすること」です。

当時は、「英単語は一度で覚えきってしまおう」「参考書は一回で理解したい」「本は最初からしっかりと読みたい」、こんなふうに考えて取り組んでいました。

いい習慣を身につけるコツは？

どれもうまくいかない

↓

モチベーションは3日もすれば低下する

意志力に頼らず
結果が出る「仕組み」をつくることが大事！

これだと何らかの原因でつまずいたときにモチベーションが一気に低下して、挫折する原因になるのです。

もしかしたら、私みたいに「一度で全部やり切ったほうが効率がいい」と思っている人はいませんか。でも、「完璧にやらなくては」というプレッシャーがあると、行動へのハードルが高まってしまい、ますます行動しにくくなります。これでは続けることも難しいですよね。

勉強に限らず、なんらかの習慣を始めるとき、**絶対にやってはいけないのが「完璧」を目指すこと。**これは習慣形成を阻む原因になります。

このように一見、効率的に見えても、「実際には非効率なやり方」というものが多々あります。非効率な方法で取り組んでしまうと、全く結果が出ないまま、挫折してしまいかねません。

■続く人ほど〝賢く〟手を抜いている！

そこで、ご紹介したいのが本書のタイトルでもある**「頭のいい継続」**です。

> **「頭のいい継続」とは、無理せず成果がドンドン出る「効率的な取り組み方」のこと。私の実体験のみならず、最新心理学の結果も踏まえたやり方なので、私がサポートさせていただいている方々も数多の成果を出しています。**

その秘訣とは、**意志力に頼らなくても自動的に結果が出る「効率的な仕組み」をつくること。**元来、私はスケジュールをきっちり立てて実行するのが苦手なたちで、勢いで物事をドンドン進めていくタイプです。でも、モチベーションが高いのは最初の3日ぐらいで、あとはみるみる低下していきます。だからこそ、モチベーションが低

下したときでも力を発揮する方法を選んで取り組んでいます。その一例を挙げると、

- **すぐに結果が出る方法でやる**
- **自分とは戦わない**
- **「第二の動機」をつくる**
- **「他人の力」を上手に使う**
- **マンネリから賢く脱する**
- **ズル休みする**

いずれも忍耐や頑張りを必要としない、「ラクして結果を出すための方法」です。

習慣化するためには、小さな結果をちょこちょこ出して達成感を味わうことが大事です。回数をこなしていくうちに**「結果的に成果を出してしまう」、これが理想です。**

ぜひ本書でお伝えする「効率的な取り組み方」を知り、実践していきましょう。

効率的に結果を出せる方法がある

「頭のいい継続」のコツとは…

継続したい習慣
早起き
勉強
読書
ダイエット
筋トレ
など

→ すぐに結果が出る方法でやる
→ 自分とは戦わない
→ 「第二の 動機」をつくる
→ 「他人の力」を上手に使う
→ マンネリから賢く脱する
→ 「ズル休み」する

↓

ラクラク結果が出るので
続けやすい

生活習慣の改善が素早くできて
毎日が充実していく

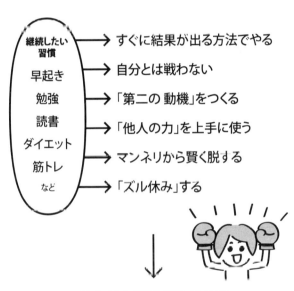

■もっとラクをして、結果が出る方法がある！

このことに気づいたのは高校3年のときでした。ラクして結果が出る「仕組み」のおかげで、それまでの生活態度も成績も一変しました。

夜更かし朝寝坊の常習犯だった私が、「早起き」できるようになりました。

教科書、参考書を読むのすら苦手だった私が、スラスラと「本を読める」ようになりました。

英単語の語彙がグンと増え、リスニングやリーディング、ライティングなど、ベースとなる「英語力」が劇的に伸びました。

勉強するのが楽しくなり、「朝起きる」のが待ち遠しくなりました。

日々、小さいながらも確かな成長を感じながら、一歩一歩、前進するうちに自信がつき成長スピードも加速していきます。高校3年時、偏差値30台だった私の成績はグングン上がり、結果的に、同志社大学に合格しました。

その後、在学中にケンブリッジ大学大学院を目指し、卒業と同時に合格し、起業するに至っています。現在も当時のやり方をより進化させた方法を考え、それらをフル活用しています。

できるだけラクをして「最大の成果」を得られる「継続の仕方」がある――。私はそう確信しています。

本書では、その効果が実証済みの方法をできるだけ具体的に、かつ心理学的説明も加えながら、わかりやすく紹介していきます。

読者の皆さんがいい習慣を続けられ、充実した人生を楽しむお手伝いができればそれに勝る喜びはありません。ご健闘を心から応援します！

塚本亮

2020年9月

目次

1章 「粘り強くやる！」はマチガイ
「スグできること」をやる！

2章 自分とは戦わない

「つねに自制する！」はマチガイ

3章 「初心を貫く！」はマチガイ 動機はサッサとすり替える

4章 「目標を立てても、やる気は出ない！」はマチガイ
ドンドン行動できる計画術

5章 「自力でコツコツ！」はマチガイ 「他人の力」で加速する

6章 マンネリからの脱し方
「正攻法が一番！」はマチガイ

7章 「ズル休み」こそ大事！

「怠けグセは大敵！」はマチガイ

装丁　小口翔平＋喜來詩織(tobufune)
カバーイラスト・挿絵　草田みかん

1章

「粘り強くやる！」はマチガイ

「スグできること」をやる！

1

「結果が出ない」と感じたら？

×
いったん立ち止まる

○
やることを減らし、ダッシュで結果を出す

■結果が出ないと、モチベーションが低下する

勉強、貯金、筋トレ、ダイエットなど、いずれも始めたばかりの頃は、すぐに目に見える結果は出づらいものです。

「継続は力なり」と、何度自分に言い聞かせても、結果が出ないうちは出口の見えないトンネルをずっと歩いているような感覚で途方に暮れてしまいます。

「これで本当に結果が出るのかな?」と疑い始めると、モチベーションはグングン下がっていきます。

だからこそ私は、「すぐに結果が出る工夫をすること」が不可欠だと考えています。

■やることを徹底的に絞る

では、どうしたらすぐに結果が出るのでしょうか。

手っ取り早い方法が、「やることを徹底的に絞ること」です。言い換えれば、「やらないことを決める」ということ。**「結果が出ることだけをやる」ということです。**

これに気づいたのは高校生の頃でした。当時の私は勉強が人の苦手でした。毎回、

定期考査になると、どの科目も頑張ろうとするのですが、結局全部、中途半端になってしまい、いい結果にはつながらない、ということを繰り返していたのです。

勉強への苦手意識を克服できたのは、**勉強する教科を「国語と英語の2教科に絞ったこと」が大きかったのです。**

予想は的中しました。やるべきことを減らし、100%ある勉強時間を2教科に割いたことで、しっかりと結果が出ました。結果が出ると、次の試験では心に余裕が生まれますよね。あとひとつ、頑張る教科を追加しても、やれそうな気がします。

このように、やることを徹底的に絞ることで、確実に結果を出しやすく、それが自信につながるのです。これは勉強以外にも十分活用できる考え方です。本章では、このように「すぐ結果が出るやり方」を具体的に紹介していきます。

Check!
やるべきことを絞れば格段に結果が出やすくなる！

結果が出やすい人はここが違う

例えば試験勉強するときは

✕ どの科目も高得点を狙う

↓

やるべきことが多すぎる
ストレスフル

↓

失敗パターン

↓

モチベーション低下の悪循環にはまる

○ 科目を絞って勉強する

↓

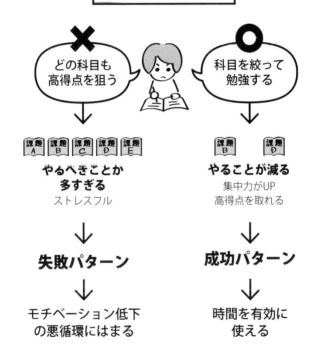

やることが減る
集中力がUP
高得点を取れる

↓

成功パターン

↓

時間を有効に使える

やるべきことを見定め、時間を有効に使おう！

2 挫折しそうなとき、どうする？

×

「なぜ、ダメなのか？」を考える

○

「100％クリアできること」をやる

■早起きするなら、まずココから！

ここでは早起きを例にとります。仮に起床時間を7時から5時に突然変えようとしたら、挫折する確率は高いでしょう。

そこで、まずは起床時間を「5分」早めてみましょう。早起きが辛いのはカラダが早く目覚めることに慣れず、驚いているからです。

一方、5分だけ早く起きるという設定であれば、いつもとそう大差がないのでカラダがそれほど驚くことはありませんよね。

わずか5分の早起きでも、ひとつの結果を出したわけですから、自信にもつながります。これに慣れてきたら次は10分、20分早く起きる、といったように少しずつ刻みながらステップを登っていけばいいのです。

Check!

早起きするときは、まず「5分」早く起きてみる

3

結果が出る「読書」とは？

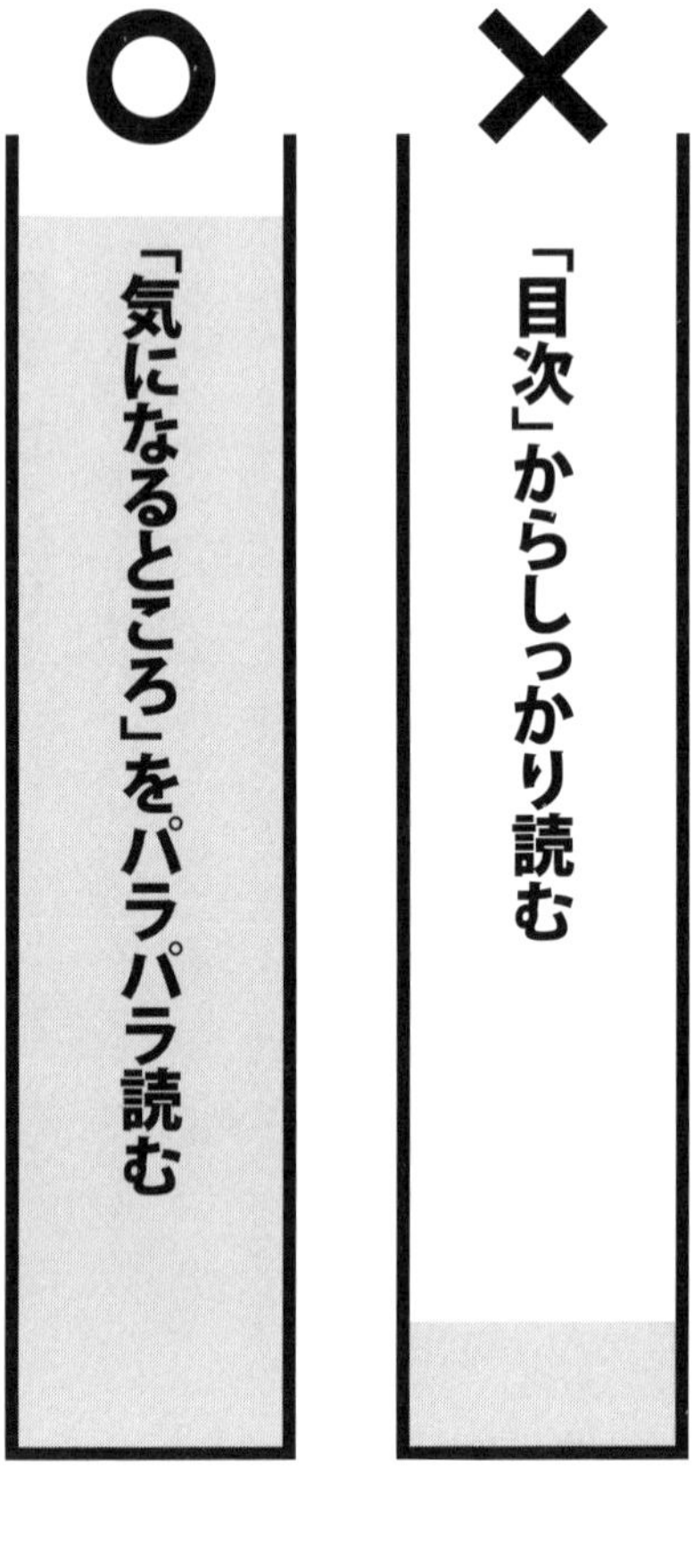

×
「目次」からしっかり読む
○
「気になるところ」をパラパラ読む

■飛ばし読みで、必要な情報をサッと得る

せっかく本を買って来ても、家ではなぜか開く気になれず、積ん読状態になっていませんか。この場合、たいていが「読み切らなければならない」という意識が読書へのハードルを高めているのです。

そもそも、何のために読書をするのでしょうか。

純粋に読書を楽しみたい人もいるでしょう。でも大半の方は、その本から得たアイデアを仕事や日常に活かしたり、新しいアクションを起こしたりするためのヒントを得ることが目的ではないでしょうか。

であれば、**「読み切るための読書」**ではなく、**パラパラと飛ばし読みをしながらでも「探していた情報やヒントを見つけるための読書」だと考えてみましょう。**

私も本は好きでしたが、読書は苦手でした。かつては読書しようと思っても、「250ページもあるのか。遠い道のりだよな」などと考え、本を開く気になれず、読書から

遠ざかってしまう、なんてこともざらにありました。

「読み切らなければならない」という気持ちが読書を億劫に感じさせるトリガーになっていたのです。

そこで、本を最初から読むのではなく、パラパラとめくって気になるところから読むことにしたのです。**「1ページ読むこと」だけを目標にすることで、読むハードルを下げたわけです。**

1冊の本の中には、未知の情報もあれば既知の情報もあります。

パラパラと本をめくって気になる項目は、新しい情報や興味のある情報なので、最も有益な箇所である可能性があります。1冊の本の中に、仕事や勉強の成果、あるいは人生をも劇的に変えるような宝が眠っている――。それを探すのが読書の醍醐味といえるでしょう。

■毎日1冊カバンに本を入れる

ジョギングやジムに行くのであれば、「まずは着替えること」が最初の第一歩で、ここを踏み出したらあとはこっちのもの。
では読書の第一歩は何かといえば、カバンに本を入れることでしょう。**是非、「本を持って家を出る」を毎日の行動目標にしてみましょう。**

カバンに本が1冊入っていると、それなりの重みを感じます。この重さが大事です。物理的に本がカバンに入っていることで「せっかく持ってきたのだから読んでみるか」と思いやすいからです。

なおこのときも、「パラパラとめくって気になるところから読む」というスタイルでOKです。それくらいの気持ちで1冊をカバンに入れるのです。

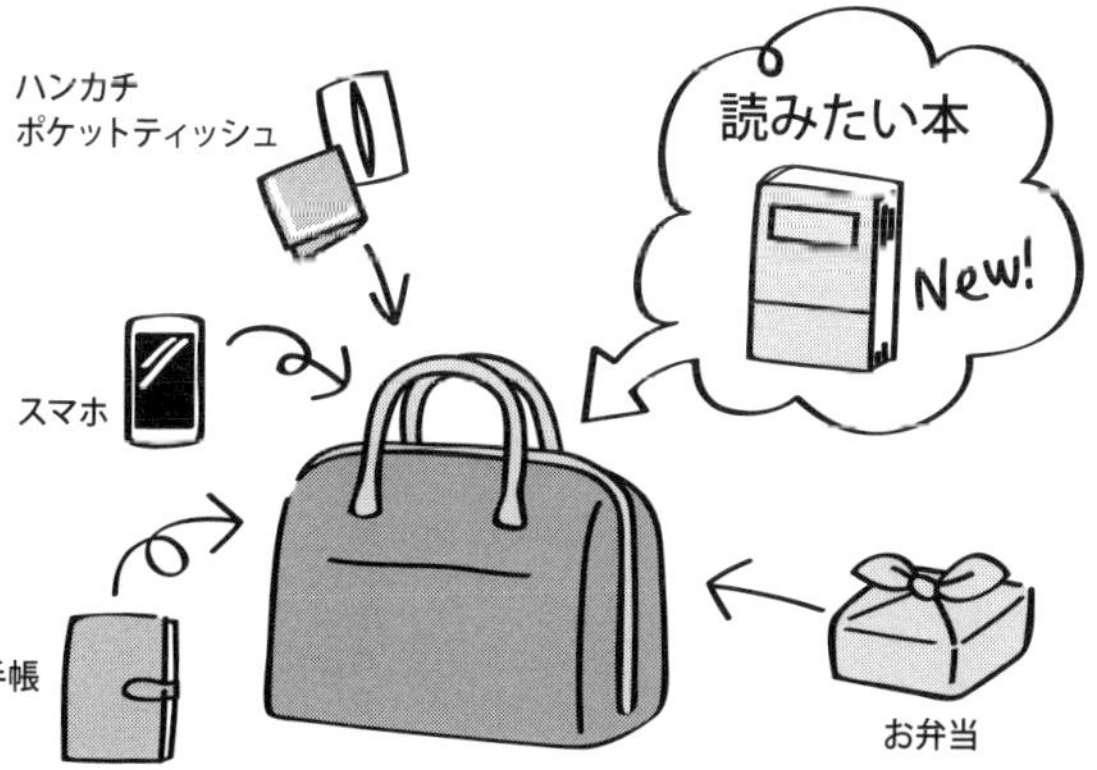

人は物理的な存在に大きな影響を受けるものです。この「1冊の存在感」が読書へと促してくれます。

休みの日ならば、明日読みたい本を寝る前にテーブルや机の上に置いておくといいでしょう。

Check!

出掛けるときは、カバンに本を1冊入れよう

4

結果が出る「TOEIC®勉強法」とは？

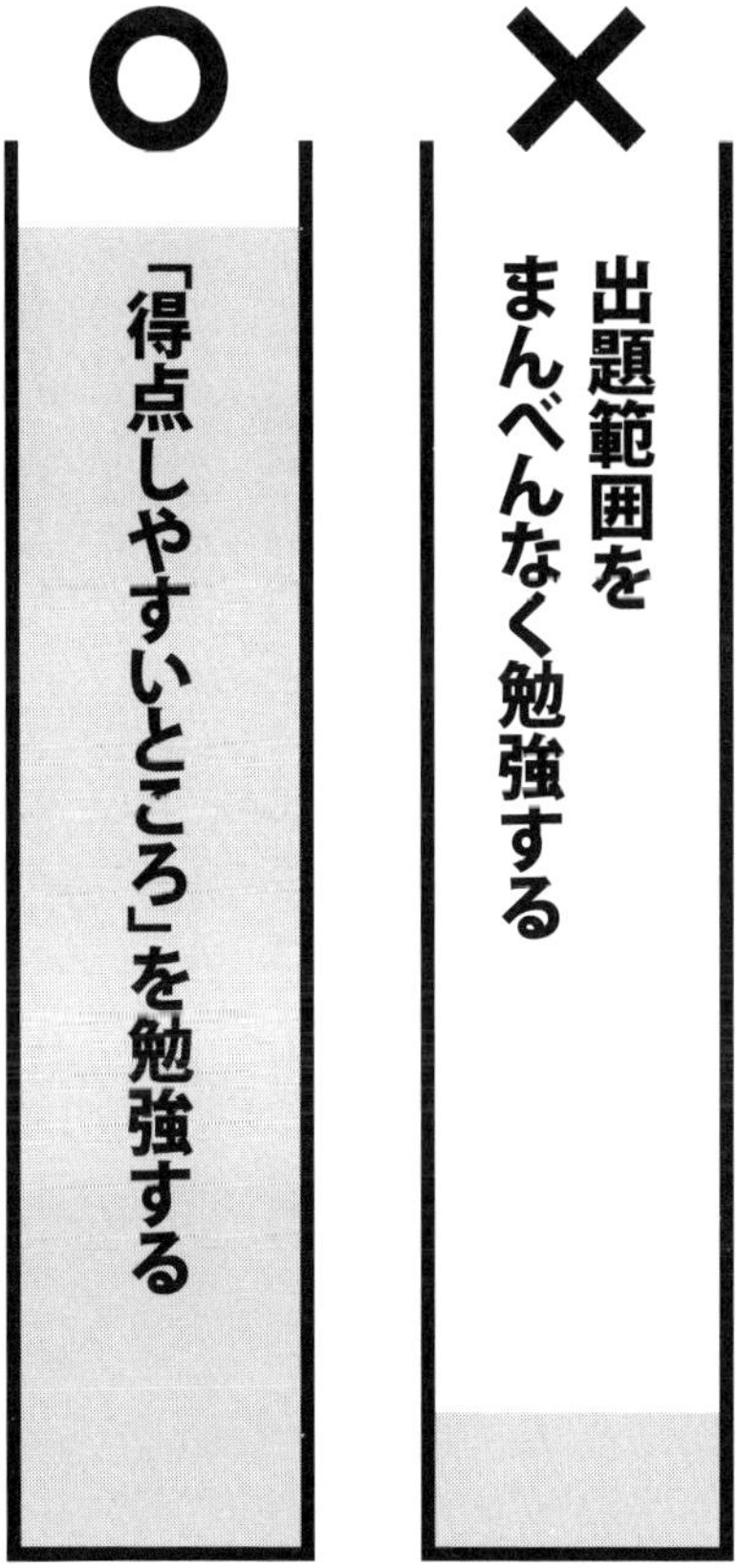
×
出題範囲をまんべんなく勉強する
○
「得点しやすいところ」を勉強する

■得点を取れそうな箇所を選ぶ

英語の勉強を例にとってお話しします。

仮に、「TOEIC®で600点を目指す」という目標を立てたとします。**挫折しやすい人は、英語をまんべんなく勉強しようとしてしまいます。**

TOEIC®のL&Rの試験はリスニングとリーディングの試験ですから、スピーキングやライティングの勉強に熱心に取り組んでも、試験結果に直結させることは難しいですよね。このため、徹底してリスニングとリーディングの勉強に絞るわけです。

ただ、これだけでは不十分なのです。

TOEIC®はリスニングが4つのパート、リーディングが3つのパートの合計7つのパートで構成されています。繰り返すようですが、挫折しやすい人は、7つすべてのパートをくまなく勉強しようとしてしまいます。

勉強に割ける時間は少ないのに、時間を7つに割り振って使ったら、それぞれの分野に費やせる時間はごくわずかです。これでは、目に見えるような成果を上げること

やることを絞って、時間を有効に使おう

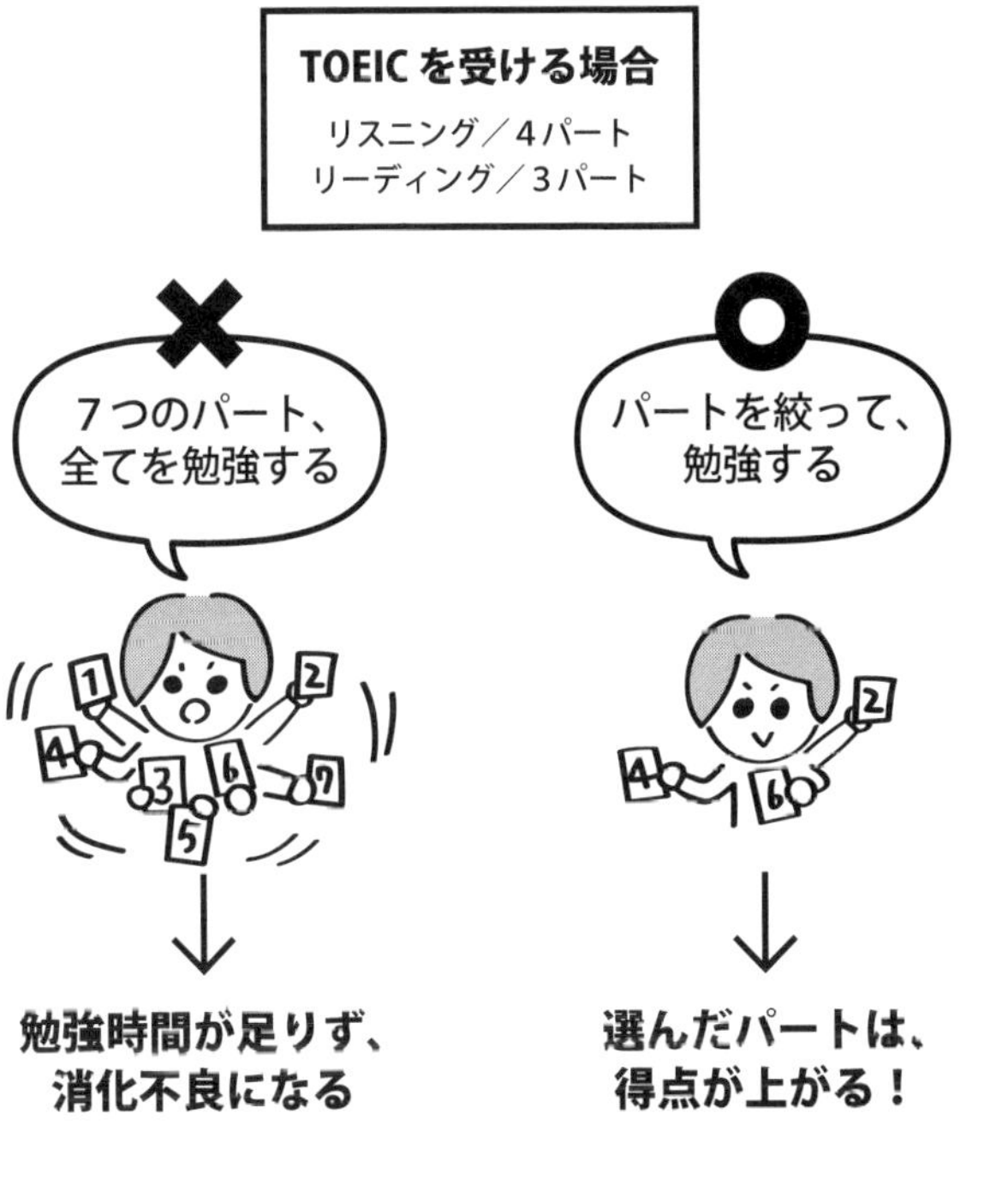
TOEIC を受ける場合
リスニング／4パート
リーディング／3パート
×
7つのパート、全てを勉強する
1
2
4
3
6
7
5
勉強時間が足りず、消化不良になる
○
パートを絞って、勉強する
4
2
6
選んだパートは、得点が上がる！

学ぶ分野を絞ると、時間を有効に使える上に、成果が出やすくなる！

は難しいわけです。

一方で、7つのパートのうち、「ここの2つのパートだけ勉強する」と絞った場合、全ての勉強時間を100％とすると、50％ずつ時間やエネルギーを割けますよね。選択した2つのパートは得点アップする確率がかなり高いわけです。

目に見える成果を得られれば、「やったことが成果につながった」と感じることができます。

■読みが当たり、高得点が取れた！

私がTOEIC®の勉強をし始めた大学生時代、やはり一番成果を出せそうなところに絞りました。パート2と5です。TOEIC®は基本的には「4択の選択式の出題」ですが、パート2だけは「3択」なのです。確率論から考えても、4択問題はすべてを勘で解いたとしたら正答率は25％ですが、3択問題は33％ですよね。

確実な答えがわからなくても、ひとつの選択肢を消去することができれば確率は50％だと判断したのです。

その上、パート2は短い質問文を聞いて、その質問文への回答として最も適したものを選択するというもの。問題文も短いし、回答も短いわけですね。短い英語を聞いて理解できないのに、パート3や4といった長く、より難解な英語を聞いて理解できるはずがないと思ったのです。

パート5は文法問題です。時制や接続詞、品詞の問題など、すべてではなくとも多くの問題の傾向がはっきりしているのでパターンを覚えれば正答率は高めやすい。英文の内容は理解できなくてもパターンで解けるのです。そう考えると大量の英単語を覚えなくてもある程度解ける。

実際にこれだけを勉強して試験に臨み、高得点を取りました。**予想通り、勉強をしたパート2と5は自信を持って解ける問題が出題されます。この「自信を持って解ける問題」というのが「やったことが成果につながった」と感じられる、続けるモチベーションにつながるのですね。**

些細な一歩ではありましたが、**英語に対して苦手意識を持っていた私が、ちょっとした自信をつけたことで、「英語ができるようになるかもしれない」という期待感を抱くようになりました。**

実は、このときの自信を糧にして、ケンブリッジ大学大学院へ入学するために必要な英語力を身に付けるべく、猛勉強することができたのです。

素早く結果を出すことによって得られる自信は、最高のモチベーションとなります。

Check!

得点を取りやすいところを重点的に学ぶと、成果が出やすい!

5

結果が出る「筋トレ」のコツは？

×「腹」から鍛える

○「胸」と「腕」から鍛える

■腹筋は後回しにする

ダイエットのために筋トレする方は少なくありません。筋トレすることで基礎代謝が高まり、脂肪が燃焼しやすい身体になるからです。

ところで、このときに「よし、ジムに通うぞ！」と意気込み、胸や腕、足腰に腹筋をまんべんなくトレーニングすると続かないのです。

このやり方だと、ジムで費やす1回あたりの時間が長くなり、それだけの時間が確保できるときにしか通えなくなってしまうからです。

筋トレも「効果が出やすいところ」と「出にくいところ」があるのです。これを理解して取り組むだけでモチベーションを維持しやすくなります。

実際、腹直筋、つまりお腹の正面にある筋肉から鍛えようとすると、まず挫折してしまうでしょう。シックスパックに憧れて筋トレを始める人も多いのですが、ここを鍛えても、目に見える結果が出にくいのです。

■胸と腕の筋肉は鍛えやすい

一方で、大胸筋、胸の筋肉は鍛えると、すぐに結果が出やすいですし、上腕二頭筋といわれる腕の筋肉も結果が出やすいのです。Tシャツを着て鏡を見たとき、筋トレ効果がわかりやすいので「お、やっただけあるな！」と感じやすいはずです。

さらに、ダイエットに効果的なのは下半身の筋トレですね。

スクワットなどを通して、お尻の筋肉を刺激するとズボンを履いたときに効果を感じやすいのでオススメです。下半身の筋トレは代謝を上げやすく脂肪燃焼も早まるのでダイエットを加速することもできます。

このように具体的に見えるところや効果を感じやすいところに絞ってやることが大事です。

繰り返しますが、**「お腹周りをスッキリさせたい」**と感じる方は少なくないと思うのですが、**腹筋は効果が出るまで時間がかかるため、挫折しやすくなってしまうので**

注意してください。

ちょっとしたことかもしれませんが、「すぐに結果が出ること」に絞り込んでやることが続けるためのモチベーションを保つためには大事なのです。

Check!

結果が出にくいお腹周りの筋肉は、後で鍛える

6

結果が出る「ダイエット」のコツは？

× 毎朝、「体重計に乗る」と決める

○ 毎朝、シャワーを浴びる

■毎朝シャワーを浴びる

ダイエットで重要なのは「毎日、体重を計ること」です。

体重計に乗り、昨日よりも体重が減っていたら、「お、いい調子だ」となりますし、体重が増えていたら「今日は少し食べる量を減らそう」とか「帰りはひと駅手前で降りて家まで歩こう」といった意識が芽生えます。これは数値で管理することのメリットですね。

とはいっても、毎朝起きてすぐに体重計に乗りに、わざわざ洗面所まで行くのは億劫ではないでしょうか。これがダイエットの継続を妨げているのです。では、どう工夫したらいいでしょうか。

ダイエットをうまく続けるコツは、毎朝シャワーを浴びることです。

「朝起きてシャワーを浴びて、そのついでに体重計に乗る」ということをルーティン化させてしまうのです。つまり、体重計に乗ることを「ついで化」するというわけです。

私が朝、寝室を出て最初にするのはシャワーを浴びることです。これはずっと変わっていないルーティンのひとつです。清々しい朝を迎えるには、シャワーがとても効果的です。シャワーを浴びることによってモチベーションが高まって「よし頑張るぞ」という気持ちになれます。

シャワーを浴びることで、睡眠中に働いていた副交感神経から交感神経への切り替えがスムーズになってスッキリします。それによって1日のモチベーションを高めることにもつながります。

その上、「シャワーを浴びる」という快のアクションと、「体重計に乗る」というちょっと面倒なアクションを組み合わせてしまうことでラクラク体重管理もできるのです。

毎日同じことを繰り返すことで自然と体重チェックをルーティン化できるのです。

大事なことは、必要なことを「ついで化」することです。

毎朝、お風呂場で裸になり、鏡を通して自分の体の状態を視覚的にもチェックすることで、もう少しお腹のお肉を落としたいなとか、足回りをスッキリさせたいな、というモチベーションが湧くので、筋トレやジョギングなど運動への意識も高まります。

また毎朝シャワーを浴びることで、勉強や仕事へのモチベーションアップにつながるのでとてもオススメです。朝起きたらシャワーを浴びるという小さな一歩を習慣にしてみましょう。きっとダイエットもうまくいくはずです。

Check!

シャワーを浴びればスッキリ目覚められ、モチベーションも高まる

7

結果が出る「運動」のコツは？

✕「有酸素運動をしよう！」と考える

○「5分やろう！」と考える

■ランニングマシンは10分に設定する

私は単純作業が苦手で、すぐに飽きてしまうのです。そんな私は自分を騙す「小さなトリック」を使って1時間のウォーキングを成功させています。

そのトリックとは、ジムでランニングマシンに乗るときは、「時間を10分に設定して開始する」というもの。「10分はきつい」と思う方は5分に設定してみてください。

なんでも始めるまでがしんどいもの。自転車をこぐときも、こぎ始めは足が重いですが、それでも頑張ってペダルをこぎ出すと、少しずつ車輪が回ってきます。だんだん勢いがついてきて、それほど力をかけなくてもスーッと前に進みます。

寒い冬の日には布団から出るのが辛いですよね。でも、頑張って一度布団から出れば、キビキビと身支度や家事を進めることができるでしょう。

■「作業興奮」を活用する

心理学では「作業興奮」という言葉がありますが、なんでも始めてしまえばやる気

は出てくるものなのです。

もしも、「1時間ランニングマシンをしよう」と思ってもなかなか乗り気になれないときは、10分に設定して始めてみましょう。

実際、始めてみると、モニターに表示される消費カロリーがみるみる増えていくので、「せっかくだから、もうちょっとやろう」という気持ちにもなりますし、20分歩けば脂肪が燃焼し始めるので、「ひとまず30分に伸ばそうか」という気持ちが強くなってきます。

そして30分に差しかかる頃、**「45分歩けばサッカーの前半戦と同じ長さだから、キリがいいかもしれない」**と感じて、45分に設定を変えるようになります。最終的に、**「せっかくなら60分やってしまおうか」**となるのです。

「10分でいいや」と思って始めたことが、気づいたときには6倍の60分になってしまうのです。なかなか気乗りしないときの特効薬ですね。

・ジョギングも一緒

ダイエットのために近所をジョギングするときもこれを応用することができます。やる気がみなぎっているときは、片道30分の距離にあるスーパーなど何か目立つ建物を目標としてジョギングを開始できるでしょう。

しかし、**やる気が出なくて、サボりたくなったときは、片道5分の最寄りのコンビニを目標にしてとりあえずジョギングしてみる。**とにかくそこを目指してジョギングして、そこにたどり着いた時には、「せっかくだからあそこの公園まで行って帰ろうか」という気持ちが芽生えてくるものです。

Check!

とにかく、やり始めてしまおう!

2章

「つねに自制する！」はマチガイ

自分とは戦わない

1

「自分に負けそう」と感じたら？

✕ 感情を抑え込もうとする

○ 意志力に頼らない

■「やろう」という気持ちは萎えやすい

続かない原因のひとつが、「意志力頼み」になってしまうことです。

例えば、「明日は朝出社する前に資格の勉強をしよう」と思っていても、朝になると眠くて布団から出たくないし、テレビのニュース番組に見入ってしまった。結果的に出社したのはギリギリで、資格の勉強はまた後回しになってしまった……。

このような感じで、「やろう」という気持ちは状況にとても流されやすいのです。

ダイエット中も同様です。お昼ご飯はサラダだけにして、順調にダイエットできているような気がしていても、午後に上司に叱られてストレスを感じてしまった……。そんなとき、通りかかったカフェの新作が目に止まり、「今日ぐらい、いいか」とストレスを緩和する名目で大きなフラペチーノに手を伸ばしてしまう。

こうした一連の行動は、自分をコントロールしようという意志力とそれを邪魔する誘惑との戦いのように見えて、**実は「自分との戦い」なのです。**

Check!

自分と戦わないほうがうまくいく！

自分との戦いを毎回制さないとできない状態は、非常に不安定ですよね。

人間は感情の生き物なので、毎回感情を抑え込まなければならなくなってしまいます。これでは、気分が乗る日はできても、気分が乗らない日はできないことになってしまいます。

続けるために重要なことは、「自分と戦わない工夫」をすることです。

毎回、自分に打ち勝てるほどの意志の強さがあればいいのですが、そうはいかないのが現実。今でさえ私は意志力頼みにしてしまえば、どれだけ上手くいかないことが多いかはすぐに想像ができます。

では意志力に頼らずに、続けるにはどうすればいいでしょうか。

自分と戦ってはいけない!

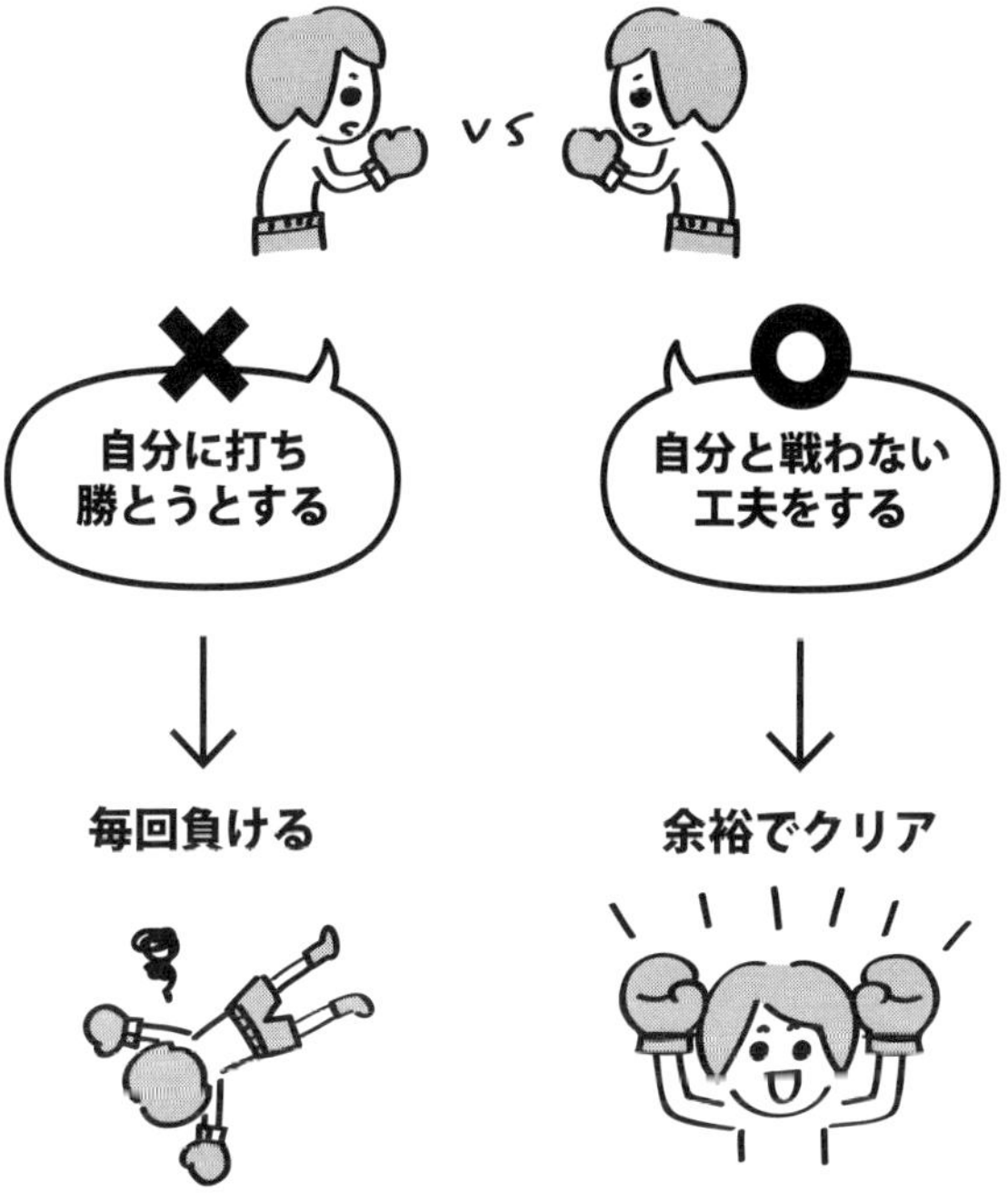

気分が乗らない日があるのは、当たり前！
意志の力を使わなくてもクリアできる方法がある！

2 目標達成したければ

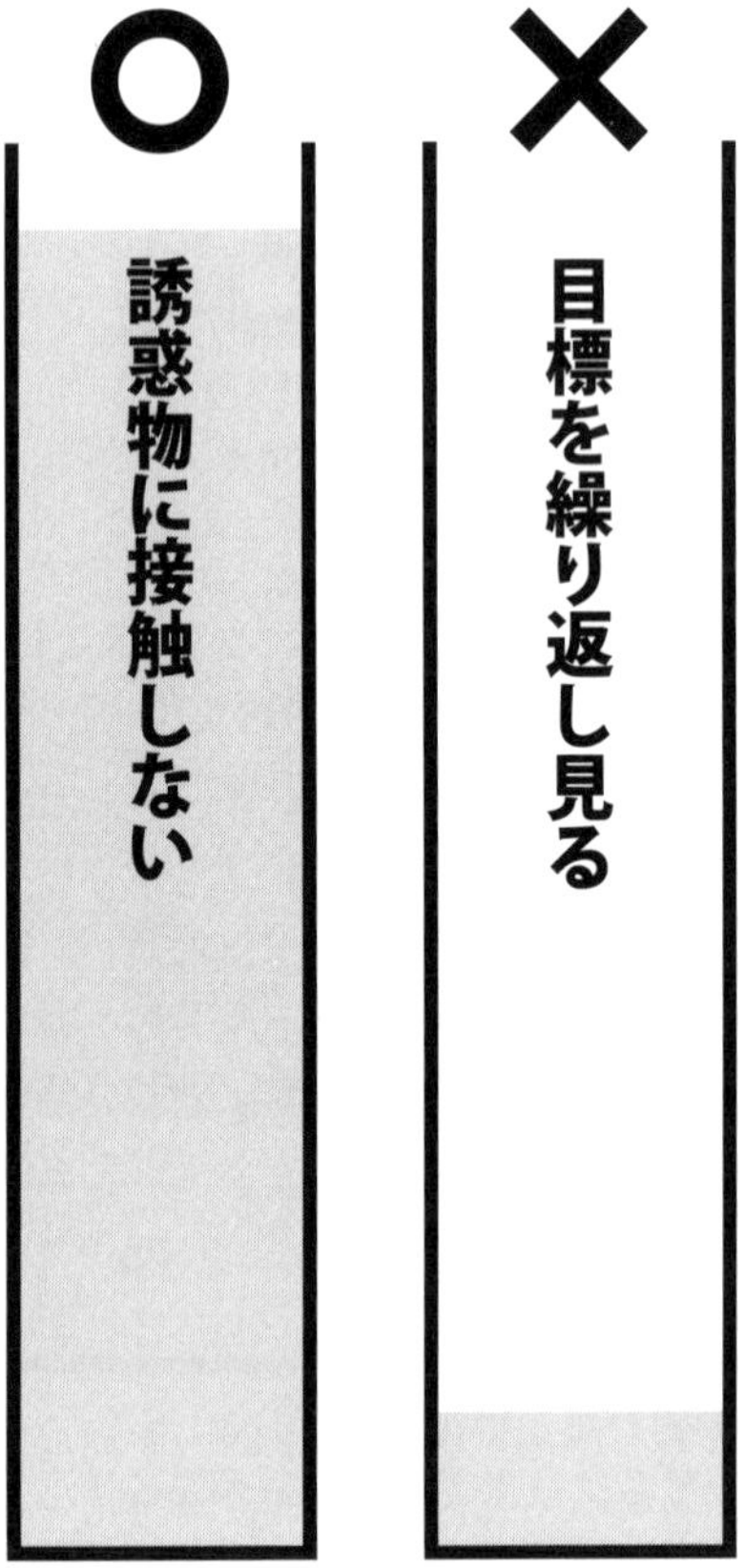

■誘惑という名の「魔物対策」を！

目標を立てて、コツコツ頑張っているときに、必ず登場するのが「誘惑」という名の「魔物」です。この魔物さえいなければ目標達成への旅路はラクになるのですが、登場しないときはないといっていいでしょう。

みなさんのこれまでを振り返ってみてください。「続けよう」と思ったときに登場した魔物は一体なんでしたか？　ゴールまでたどり着くためには、こうした「魔物対策」を考えておきたいのです。

カールトン大学の研究では、**「目標達成率は誘惑や障害物との接触回数に反比例する」**ということがわかっています。

つまり、誘惑物や障害物との接触回数が少なかった人が最も目標を達成できたのです。目標を達成したかったら、そもそも「誘惑物や障害物との接触をなるべく減らすこと」がゴールまでの道のりにおいて大事だ、ということです。

普通なら、「誘惑に打ち勝つことが大事だ」と思ってしまいそうですが、「あらかじめ手を打って、接触しないようにすること」が肝なのです。

なぜなら、誘惑に負けないようにセルフコントロールしたり、障害物に対処することが**「モチベーション低下の原因」**となるからです。

例えば、「ダイエットのために目の前のケーキを食べない」という選択は、「本当は食べたい」という本心が抑えつけられている状態になります。

この本心を抑えつけたときに心に残る**「もどかしさ（枯渇感）」がモチベーションの低下を招き、ゴールまでたどり着くために必要なパワーを奪ってしまう**大きな原因だということなのです。

実際、ニューヨーク大学で開発された「メンタルコントラスティング」というものがあります。「目標を立てるときは、何をするかだけではなく、何がそれを妨げるかを洗い出すことが目標を達成する上では重要である」としたメソッドです。

いい習慣を継続するためには、それを妨げるきっかけを避けること。これが何より

目標達成しやすいコツは

誘惑に負けないようにセルフコントロールするたび、モチベーションは低下する！！　だからこそ……

ステップ1

達成の「障害」となるものを書き出す

↓

ステップ2

それらを避ける手立てを考える

↓

達成率が高まる

我慢を重ねない工夫が大事！

も大事です。

これからは、**セルフコントロールしなくてもいい環境に身を置くようにしましょう。**自制しなくてもいい環境を作り上げておけば、やるべきことを達成できる確率は圧倒的に高まります。

何らかの目標を立てたら、それを達成するまでに、

①どんな魔物が登場するか？

②その魔物はどんなときに出現するか？

③それを出現させないようにするには、どんな対策が有効か？

この3点を考えて方策を立てましょう。では、次項から具体的に見ていきます。

Check!

セルフコントロールしなくても
いい環境を作ろう

3

「やるの忘れた！」を防ぐために

×
Googleカレンダーの繰り返し設定を使う

○
Googleカレンダーには、「その都度」スケジューリングする

■「自分で決めた」感覚が大事！

意志力に頼らないためには、その都度「やる」か「やらない」のかという選択の余地をつくらないことです。

そのためには「毎日何をするのか」をスケジュール帳に落とし込んでおくことが大切です。私の場合はGoogleカレンダーに「1日にやること」を落とし込んでおきます。10分前になったら、自動的に予定のリマインダーが届くので便利です。「時間ができたらやろう」というのは、いつになってもやれない、ということですから。

しかし、何より大切なのは主体的にスケジューリングするということですから、**「繰り返し設定」はあまりオススメしません。**

なぜなら、次第に「自分で決めた」感覚が失われていき、モチベーションの低下につながってしまうからです。

つまり、毎週月曜日は「20時～21時　英語の勉強」といったように繰り返し設定をしないほうがいいのです。

さらにいえば、「英語の勉強」といってもリスニングやスピーキングなど何をするのかは毎回違うはずですから、もう一歩踏み込んで具体的に書いておくほうが実行しやすいはずです。

ジョギングも同様で、「ジョギング」とだけ書くよりも、「ジョギング・駅ルート」と書くほうが具体性があって、「自分で決めた感覚」を持つことができます。

もちろん、毎週行う会議や毎月の行事などはすでに決められたものであり、主体性云々は関係ない場合もあるので、それらは定例スケジュールの設定をしておけばいいことも付け加えておきます。

Check!

「自分でスケジュールする」という感覚がやる気につながる！

4

もっと集中するために

✕

家のテレビを消す

○

カフェや図書館に行く

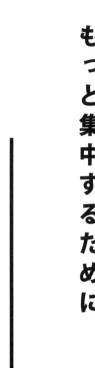

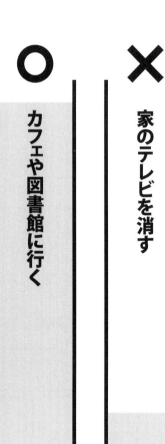

■家には集中を妨げるものがいっぱいある

作業を続けやすい場所や集中しやすい場所を見つけること。これがとても大事です。例えば、家に快適なソファがあると、ついそこに座りたくなりますよね。しかし、リラックスしすぎてしまうと、やるべきことがはかどりません。その上、「あ、まだ片づけてなかったな」と散らかっている服や洗濯物に気づくと、そこでいったん集中力が途切れてしまいます。

集中するための理想の環境とは、「仕事や勉強に必要な物以外ないところ」です。意思の力で誘惑に打ち勝つのではなく、**意思の力を使わなくてもいい環境を見つけるほうが、よほど心理的な負担が少なくていいですよね。**

■ケンブリッジ時代にしていたこと

ケンブリッジ時代、私は大学の授業がない日も大学図書館に足を運んで勉強していました。

大学図書館のような、みんなが文献や論文と向き合う環境に身を置くと、「自分も頑張らないと」と思えるので、自然と集中することができるのです。

環境の力を利用するために、私は大学図書館に行っていました。ある程度の緊張感がないと、なかなかやる気は出ないものですね。

今でも、余計な物がない環境に出かけて、仕事をするようにしています。

例えばカフェにパソコンを持ち込んで、時間を決めて原稿を書いたりしています。**カフェでは家のように不必要な物が目に入ってこないので、「誘惑に勝つ、負ける」という判断をしなくてすみます。**

その上、少しざわざわした場所のほうが、静まり返った場所よりも集中できます。静まり返った場所だと眠くなることもありますし、人によっては小さな物音でも気になってかえって集中できない、ということもあるからです。

同じことをやるにしても、場所を変えることで集中力は明らかに違ってくるのです。

Check!

誘惑物が少ないカフェは、最高に集中できる!

集中力が途切れやすいのは、あなたの意志が弱いのではなくて、場所のせいかもしれません。

家で集中できないならば、家でやらないという決断をすることがベストなのではないでしょうか。

5

どうしても気が散るときは？

×
耳せんをする

○
スマホを手元に置かない

■スマホ対策をしっかりと

受験勉強や資格の勉強をするときに、それを妨げる魔物はなんでしょうか？

その筆頭はスマホでしょう。机の前に座り、参考書を開いても、気づいたらスマホを触っていて時間が経ってしまった、という経験はないでしょうか。

ではスマホいじりをやめるには、どうすればいいでしょうか。

一番の問題はスマホが手元にあることです。

家で勉強するときはスマホを別の部屋に置いておいたり、カフェならばカバンの中にしまっておきましょう。**このように視界から存在を消し、「目に触れないようにする」はとても効果的な対策法です。**

■SNS系のアプリをログアウトする

もうひとつの魔物は、勉強に集中しているときに、LINEなどのSNSの通知音が鳴ることです。**これに対処するために通知をOFFにしておくか機内モードに設定しておきます。**電波をキャッチしなければ、LINEやSNSの通知音が鳴ることもなくなります。

スマホのアプリもたくさん開発されて便利になったので、アプリで勉強している人も少なくないでしょう。でも、活用の仕方には注意が必要です。

「電車の中では英字新聞を読もう」「リスニングの音声を聞こう」と思ってスマホを取り出したはずなのに、気づいたらSNSを長時間眺めていた、なんてこともあるでしょう。

SNS系のアプリであれば、毎回ログアウトしてください。いちいちログインし直すのは手間なので、SNSを開く頻度を減らすことができます。もしくは、アプリは全部同じフォルダに入れてしまい目に触れにくくするのも効果的でしょう。

■誘いへの断り方を決めておく

勉強を続けられない理由としてよく相談を受けるのが、友人や同僚からの食事や飲み会などの誘いを断れないということです。「あぁ、せっかく勉強しようと思っていたのに、行くと即答してしまった」と嘆いたことはありませんか。

ここでの問題は「即答してしまうこと」ではないでしょうか。

誘われたら「予定を確認してみるね」という選択肢を持っておくと、その場のノリで即答するのではなく「今回は断ったほうがいいかも」と冷静な判断ができるかもしれません。

断るのが得意ではないならば、あらかじめ資格に向けて勉強を頑張っていることを周りに宣言しておけば、周りも気を遣ってくれるかもしれません。

Check!

スマホのアプリは毎回ログアウトし、ＳＮＳの通知はＯＦＦにする

6

「またダメか」をなくすには？

×

「面倒くさい」という口グセをやめる

○

「やめる口実」を洗い出す

■テンションが上がる雨の日グッズを揃えよう

ウォーキングやランニングなどを続けたいときに現れる魔物は何でしょうか。

そう、ひとつは天気です。ランニングに行こうとしたときに、急に雨が降り出すこともあるでしょう。梅雨の時期などは、思うようにランニングできない日が続くかもしれません。

ここで考えたいのは、本当の魔物は天気なのか、ということです。

ひょっとすると、「雨」を走らない理由にしていませんか。

「雨が降っている」→「今日はやめておいたほうがいいかもしれない」と思う**このモチベーションの部分はコントロールできそうです。**

例えば、雨の日用の撥水性のあるウェアやシューズとしてテンションが上がるようなかっこいいグッズを買えば、雨の日でも楽しくなるかもしれません。

あらかじめ「雨の日用のコース」を想定しておくのもいいでしょう。

普段から一人ではなく家族や仲間と一緒に走っていれば雨の日にモチベーションが

下がるのを軽減できるかもしれません。**「雨だからやめておこうかな」と思う回数をいかに減らすかが継続のコツではないでしょうか。**

必ず、続けることを邪魔する魔物が現れます。モチベーションが落ちる日も来ます。そのときの対処法をいかに先手を打って考えておけるかが、続ける上では必須です。**まずは、あなたが続けたいことの「魔物ワースト3」を書き出してみましょう。それを呼び起こさないために、今どんな手を打っておけるかを具体的に考えてみましょう。**

Check!

「魔物ワースト3」を書き出して、手を打っておく

7

ちゃんと「早起きする」ために

×

スマホを「目覚まし」にする

○

スマホとは別の部屋で寝る

■スマホ就寝時間をつくる

早起きを続けたいのに、そこに現れる魔物は、やはりスマホでしょうか。

スマホでNetflixやYouTubeなどを見ていると、アッという間に時間が過ぎ去っていきます。気づいたら夜中の2時になっていて、「寝なきゃ」という思いで余計に寝られなくなってしまう。早起きどころか、寝不足のまま出社して仕事もはかどらない、ということになっていませんか。

夜更かしへの対策として、**自分の就寝時間よりも「最低30分」は早く、「スマホ就寝時間」を設けて、スマホとは別々の部屋で寝てみてはどうでしょう。**

私の場合は、寝室には充電器を置かず、リビングに充電器をつないで、そこで先に寝かしつけてから、寝室に行くようにしています。

これにより、ベッドの中でスマホのライトや音に邪魔されないので、眠りの質も高くなりますし、スマホを触ってしまうということもなくなります。

さらに、寝る前の飲食は睡眠を浅くしてしまうので、朝起きづらい原因にもなります。また、お酒は寝る前2時間は飲まないこと。そのためにも家にお酒をストックしないほうがいいですね。飲み始めるとどうしても気が大きくなり、自分をついつい甘やかしたくなってしまいます。理性が働いているうちに手を打っておきたいですね。

Check!

スマホがなければ、睡眠の質がグンと上がる

8

ダイエットを始めるなら

×

体重管理を徹底する

○

お菓子、酒のストックを持たない

■割高でも、その都度購入する

ダイエットを続けるならば、どんな魔物が出現するでしょうか。ひとつはついつい食べ過ぎてしまうことですね。どんなときに食べ過ぎてしまうでしょうか。例えば、家でお酒を飲んでいたら、おつまみの菓子類に手を伸ばしてしまう。締めにカップ麺まで食べてしまった……。こうした暴飲暴食は理性ではなかなか止められません。

これに対処するにはどうすればいいでしょうか。

まずは家に菓子類などのストックを持たないことでしょう。お酒を買いだめしないことが大切です。私の場合は、お酒はその日に飲む分だけをコンビニで買ってから帰宅します。スーパーで買うよりも高いことはわかっています。でも、「今日は2本だけにしよう」と思っていても、気づいたら3本、4本となってしまうもの。このとき、家にストックがなければ、「買いに行くのは面倒だな」となります。**自制心でどうにかするのではなく、この「面倒くさいを作り出す」というのも大きなコツなのです。**

Check!

コンビニでの誘惑対策をしっかり決める

帰り道のコンビニでついついお菓子やケーキを買ってしまうのならば、それも回避しましょう。一番いいのは、誘惑されやすいコンビニがないルートを通って帰宅すること。

どうしてもコンビニの前を通らないと帰れないのであれば、**コンビニの真ん前を通るのではなく、道の反対側を歩くのもありでしょう。**なるべく商品や宣伝ポスターが目に入らないようにするのがコツです。

仮に、コンビニに立ち寄ったとしても、お茶を買うならばドリンクコーナーまで一直線で向かうなど、余計なものが目に入らないようにすると、ついつい余計なものを買うリスクは減少するでしょう。

9

浪費グセをやめるには？

×

安く買うために、ネット通販を利用する

○

衝動買いを減らすために、ネット通販は控える

Check!

理性が緩む状況で買い物をしないよう対策する

■ネット通販に要注意

貯金を続けたいときの天敵は衝動買いでしょう。どんなときに衝動買いしてしまうのかということを振り返ってみましょう。

よくあるのが、夜中にネット通販をしていたら、つい購入してしまい、届いたときには「なぜ、買ったんだろう」となるパターン。特にお酒が入っていると気が大きくなって買いやすくなりませんか。

それならば、お酒をどうコントロールするかを考えることが大事ですね。ベッドで通販サイトを眺めないことも大事なので、スマホをベッドに持ち込まないようにするなどもできるでしょう。

書店やコンビニではファッション雑誌が置いてあるコーナーを避けるなども購買意欲を刺激しないためには有効といえるでしょう。

3章

動機はサッサとすり替える

「初心を貫く！」はマチガイ

1

続くのはどっち？

×
太ってきたから、ジョギングする

○
走ると気持ちいいから、ジョギングする

■建前の動機では続かない

楽しいことはずっと続けられますが、「嫌だな」と思うことはなかなか続けられないものです。

このように快が不快を上回っているときは続けられますが、逆の場合だと続けられなくなります。つまり続かないのは、快が不足しているからです。

であれば、「快を意図的に作り出せばいい」のです。

そこでオススメしたいのが、「動機のすり替え」です。**いわゆる「建前の動機」は脇に置き、「ワクワクする動機」を見つけるというわけです。**

一般に「建前の動機」とは「～ねばならない思考」に基づく動機といえます。

例えば、

・「寝坊続きでは、まずいから」早起きする

・「TOEIC®で600点取らないといけない」から英語の勉強をする

・「会社や上司に勧められたから（仕方なく）」資格の勉強をする

・「痩せないといけないから」ダイエットする

いずれも、「しないといけない」という思いから仕方なく掲げた動機です。
このような動機だと、ちょっとした挫折でくじけやすくなってしまいます。

■持続しやすい動機とは？

心理学では、動機は「内発的動機づけ」と「外発的動機づけ」の2つに分けることができます。内発的動機づけとは、心の底からやりたいと欲することです。対して、何かのためにやるのが外発的動機づけです。

例えば、小説が好きで読むこと自体を楽しんでいる読書は内発的動機づけによるものです。一方、昇進したり、試験に合格したりするために本を読むのは、外発的動機づけによるものです。先ほど述べた「建前の動機」も、この外発的動機に類するものが多いのです。

多くの研究によれば、内発的動機づけのほうが、外発的動機づけよりも持続しやすいといわれています。つまり、好きでやっていることのほうが持続しやすいということ

「第二の動機」こそ大事！

「やらなきゃいけない」思考
では続かない！

「やりたい！」と思える
動機を持つには？

↓

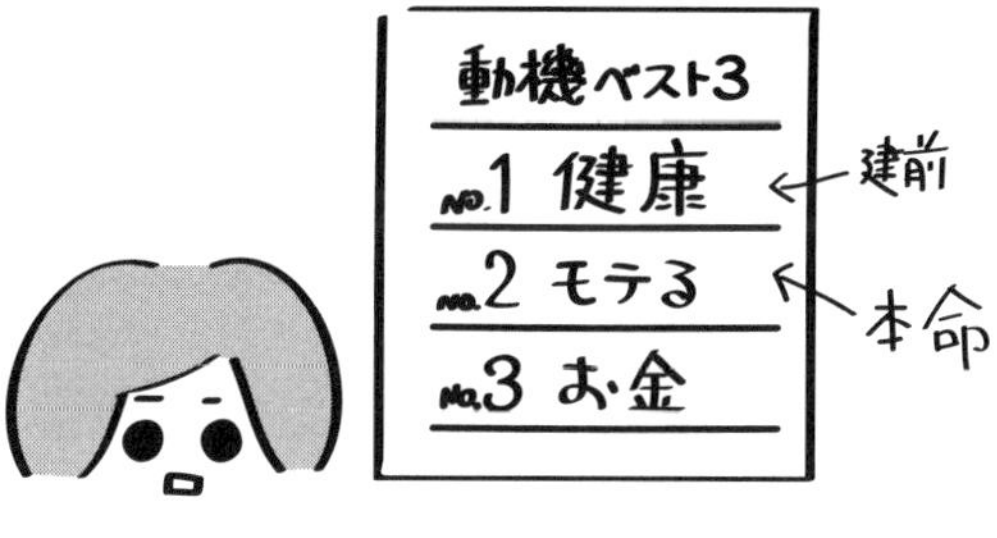

「最初の動機」は脇に置き、
「第二の動機」をつくるといい！

「面白い！」「やってみたい！」と思える
「快を刺激する動機」を考えよう！

とです。

とはいえ、「続けたい」と思う多くのこと、例えば早起き、勉強、ジョギング、筋トレ、ダイエットなどは自発的にやりたいと思えるものは少ないのも事実。仕方なくやる、ともすればイヤイヤやる、そんな感じで取り組むことが多いのではないでしょうか。

実は、やっていくうちに楽しくなって、それをすること自体が楽しくなり、いい習慣として根付くこともままあります。しかし、そうなるまでには時間がかかることでしょう。そこで、オススメしたいのが「動機のすり替え」です。本章では、その秘訣をお話ししていきます。

Check!

「快」は意図的につくるもの!

2 ジム通いを成功させるには？

×
良い成果を「必死に」想像する

○
ジムに通う「楽しみ」を見つける

■世間話が「第二の動機」になる！

ジム通いを続ける秘訣を知っていますか？

それは、まず世間話をすることです。意外だと思う方もいるでしょう。

でも実際、私が半年で16キロのダイエットに成功したときは、まさにこれが効きました。

今では週に1、2回通っていますが、一時期は週に4回通っていました。

同じ時間帯に通っているうちに、ジムのスタッフの方がちょくちょくとアドバイスをくれるようになり、そこで生まれるちょっとした会話が楽しくて通いたくなったのです。

そのうえ、トレーナーさんが熱心で的確にアドバイスをくれました。そこで、「せっかくなら、ちゃんと結果を出そう」と思い通っているうちに、回数が増えていったのです。

このときの私の動機は、「痩せたい」という第一の動機に加えて、「アドバイスをもらえて嬉しい！」という**「第二の動機」**があったのです。

本来の動機は「ジムに通って健康を維持する」でしたが、**「世間話をしたり、アドバイスをもらったりするためにジムに通う」という別の動機が生まれたのです。**

ちなみに私の友人は無類のサウナ好きで、特に寒い冬はお風呂とサウナに入るという目的でジムに出かけるそうです。寒い日は外出したくなくなります。そこで、トレーニング後の入浴やサウナでグーッと暖まっているところをイメージすることで、意図的にワクワクを作り出しているのです。

Check!

「第二の動機」を持つと強い！

■意図的に「第二の動機」をつくろう

このように第一の動機とは別の「第二の動機」を持つことが続ける上で大きな力になるのです。

第二の動機は計り知れないパワーを持っています。私たちは、知らず知らずのうちに、第二の動機によって動かされ、行動しているのです。

これを私は、「動機のすり替え」と呼んでいます。

私が提案したいのは、第二の動機の積極的な活用です。自然の成り行きに任せるのでなく、ぜひ第二の動機となりそうなものにいち早く目を向け、それを活用すること。

これがいい習慣を軽々と続けるコツになります。

3

上達するまでやるために

× ストイックに頑張る

○ 一緒にできる仲間を探す

■「誰とするか」は重要

これまで見てきたように、第二の動機があると楽しく続けられるようになります。例えば、英会話スクールでレッスンを受けているとしましょう。

第一の動機は、英語で話す力をつけることですが、**第二の動機として先生やスタッフさんに会うことが楽しみになっているならば続きやすいでしょう。**クラスメイトに気が合う人がいれば、さらに効果的ですね。

「上達したい」という気持ちにかぶせるように、レッスンに行くことが楽しみになっている状態です。結果的にレッスンに意欲的に取り組んで、英会話が上達していくはずです。**このように、「誰とするか」というのは重要なカギになるのです。**

■ジョギング仲間をつくろう

英会話のレッスンに限らず、ウォーキングやジョギングも同じです。

よほどストイックな人であれば一人でも継続できると思いますが、私のようなナマケモノだと、そのときの感情に左右されてしまいます。

でも、誰かと一緒にやるならば話は変わってきます。

話が盛り上がる人と一緒だと、60分のウォーキングも苦になりません。

話を楽しんでいるうちに、歩くことが「ついで化」されているわけです。

一方、黙々とやっていると、歩くことに意識が集中されて「面倒だ」と感じやすくなってしまいます。数日は続くかもしれませんが、億劫になってきて、いろいろな言い訳が湧いてきます。

一緒にやる仲間がいないときは、SNSに日々の状況をアップするのも手です。

知り合いができ交流できれば、それが何よりの楽しみになり第二の動機になるかもしれません。


Check!

「そこに行くと楽しい」「仲間と会えて嬉しい」という第二の動機をつくろう

4

能率を上げるために

× 気持ちを切り替えようとする

○ 場所を変える

▪カフェで美味しいケーキを食べてみる

勉強するとき、「お気に入りのカフェに行くこと」とセットにすればモチベーションの低下を解消できます。

そのお店のコーヒーが好き、あるいはスタッフさんとの会話が楽しいなど、さまざまな理由を見つけることができると思います。**そのうち、「ここのカフェなら集中できる」というイメージを自分に刷り込むことができるので、そこに行くだけで、できそうな気がしてきます。**

私の場合、春や夏はテラス席のあるカフェでゆったりと仕事や読書をするのが好きで、家の中だと「しんどいな」と感じていたことでもスイスイと進んでしまいます。

特にモチベーションが高まらないときは、カフェで好きなケーキを食べることを目的にパソコン1つ持って出かけます。

「ボーッとするだけでいい」と自分に言い聞かせて、とにかくボーッとしに行きます。でも席に着くと、自然とあれこれ考え始めて、気づいたら仕事がはかどっていたということはいくらでもあります。

Check!

「スイッチの入れ方」を見つけておく

■チョコバー効果は絶大！

かつて私が大学院で2万語という長い修士論文を書いていたとき、大学図書館に行って書いていましたが、やはり「外に出たくない」と思うときもありました。図書館にまでたどり着けば「やる気」は湧いてきますが、**そこまでどうやって一歩踏み出すかがネックになっていたのです。**

そこで、外出する気になれないときは、お気に入りのチョコバーを買うために出かけるようにしました。海外のチョコバーはひとつが大きいですし、カロリーも半端なく高いですから、家にはストックはしませんでした。だから、図書館に向かうことが億劫であればチョコバーをひとつ、図書館への道中で買っていいことにしたのです。

そして午後の疲れが出てくるタイミングで、買ったチョコバーを味わいながら食べては、モチベーションを高めていました。

5

すんなり「早起きする」ために

× アラーム音を大きくする

○ 起きたくなる習慣を持つ

■自分のための時間を持てる

早起きしたければ、「早起きしたい理由」をいかに作り出すかがポイントです。

スターバックスCEOハワード・シュルツ氏は朝4時30分に起き、犬の散歩をして、5時30分には最愛の妻に珈琲を淹れることを習慣化しているそうです。このようにゆったりとした「自分のための時間」を持つことが早起きを習慣化する秘訣なのでしょう。

例えば、**「早朝にオンライン英会話の予約を入れてみる」のはどうでしょうか。**出社前に充実した自分磨きの時間をつくるのです。

「1冊の本をカバンに入れて、いつもより1時間早く家を出て会社の近くのカフェに行く」という設定にしてもいいですね。電車の混雑を避けて家を出て、カフェでゆったりと読書するために早起きをする。これなら、時間を味わう感覚を持てることでしょう。

私は朝5時に起床して、まずはゆったりと大好きな紅茶を淹れます。これはイギリス留学時代にスタートした朝のルーティンで活力が湧いてくるので続けています。べランダから外を眺めながら少しの間ボーッと紅茶を飲みます。すると「よーし、今日も頑張るぞ！」という気持ちがみなぎってきます。

そしてパソコンを開き、のんびりと原稿の執筆を始めます。まだ誰も起きていない静かな朝に充実した時間を、急ぐことなくゆったりとした時間を持つのが好きです。だから朝もスっと起きられます。

Check!

どうすれば楽しく起きられるか考えよう

6 体を動かしたくなるのはどっち？

×

「運動メニュー」にこだわる

○

「運動グッズ」にこだわる

■お気に入りのウェアやシューズを買う

テンションが上がるウェアやシューズはぜひ用意したいですね。

私はアディダスのウルトラブーストシリーズが好きで、履くとすぐに走りたくなります。「サボろうかな」と思うようなときでも、歩く感触がいいので、つい歩いてしまいます。このように、「ついつい歩きたくなる」「走りたくなる」という状態を誘発できるので、玄関にはお気に入りのウルトラブーストだけを置いておきます。

きっと、テンションが上がるウェアやシューズがあるはずです。それを「着たい」「履きたい」という気持ちを誘発することで、自然とエクササイズのスイッチがオンになります。**また、少し離れたおいしいパン屋さんをジョギングコースに入れて、ジョギング後に朝食にするのもいいですね。**

Check!

運動したくなる仕掛けを考えよう

7

「書類の整理」をサクッとやるために

×
週1回、まとめて整理する

○
毎日、カバンを変える

■カバン選びが楽しくて、整理できるようになった

片付けを続けるためのコツは「毎日捨てること」です。

でも、私は片付けが得意ではありません。放っておくと毎日書類などがたまり、どんどんカバンも重くなってしまいます。

週に1回、それらを整理するために、カバンから取り出してみるものの、机の上にある書類の山にそれらがまた積み上げられていくことになります。

そこで、マイルールとして「毎日、カバンの中身を整理して、ゴミは捨てよう」と決めました。

しかし、それも非常に面倒になったので、毎日、カバンを変えることにしたのです。「明日はどのカバンにしよう?」と考えて、今日使ったカバンから全てのものを取り出します。

整理整頓ではなく、「明日の服装に応じてカバンを変えよう」と、動機をすり替えたわけです。これで、書類が必要か不必要かの判断をその日のうちにできるようになりました。量もそう多くはないので、すぐできます。

不要なものは捨ててしまい、いつか必要になるかもしれないものはスマホでスキャンして、自分宛にメールで送り、書類は捨ててしまいます。

するとほとんどの書類は捨てることができるはずですし、かなりスッキリした気分も味わえることでしょう。書類が増えてしまう人はテンションが上がる、お気に入りのカバンを複数用意してみましょう。

Check!

気に入ったカバンを用意して、気軽に整理してみよう

「頑張らなきゃ」「○○しなきゃ」という気持ちが芽生えてきたときは、モチベーションが下落傾向に入ったサイン。そんなときは、「ついで」にできる上に、やるメリットを感じられる工夫をすることが大事です。

4章

ドンドン行動できる計画術

「目標を立てても、やる気は出ない！」はマチガイ

1

ドンドン行動できるのは？

×

モチベーションが「高いとき」に役立つ目標

○

モチベーションが「低いとき」に役立つ目標

■目標設定、スケジュール立てにはコツがある

しっかりと目標を掲げてスケジュールに落とし込んでも、いい習慣が続かない。なぜなのか？　**それはモチベーションが高いときしか実行できない目標やスケジュールを設定しているからです。**

もともと私は勢いで物事をドンドン進めていくタイプです。でも、モチベーションが高いのは最初の3日ぐらいで、あとはみるみる低下していくということを自覚しています。だからこそ、モチベーションが高まる目標設定やスケジュールを考えるようにしています。

いい習慣を根付かせるためには、やはりモチベーションを高めてくれる目標や効率的に動けるスケジュールが欠かせません。

目標設定と聞くと、面倒だなと感じる方もいるかもしれません。**でも、目標は設定の仕方次第で、モチベーションが低下したときに自分を支えてくれる強力な支えになります。**

スケジュールも同様で、その立て方次第で行動力がグンと上がり、いい習慣が無理せず身に付くこともわかっています。

生来、怠け者の私は緻密にスケジュールを立てたり、しっかりと進捗管理したりするのは苦手です。だからこそ、なるべく手のかからない、かつ最大限の効果を発揮する方法を選んで実行しています。

本章では私の経験や心理学の手法を活用した実践的な方法を紹介していきます。是非、参考にしてください。

Check!

困ったときに力を発揮する
目標、スケジュールを作成する

ドンドン行動できるコツがある

目標、スケジュールが役に立たないのはなぜ？

モチベーションは3 日もすれば落ちていく

↓

「目標」「スケジュール」は作り方次第で、
モチベーションが上がり
行動にも弾みがつく!

2 モチベーション維持のコツは？

×「達成するぞ！」と100回言う

○「達成後」をクリアにイメージする

■達成した自分をイメージしてみる

心理学では、将来の自分をはっきりとイメージすればするほど、モチベーションを維持しやすいということが、さまざまな実験から確認されています。

例えばダイエットすると決めたとしましょう。仮に「今年こそは10キロ痩せる」という目標を立てたとしましょう。**10キロ痩せたら、どんないいことがあるでしょうか。達成した後の生活は、今とどう変わるでしょうか。**

このときファッション誌でも見ながら、「今年こそは痩せて好きな服を着たい」と具体的にイメージできていれば、達成後の生活がイメージできるでしょう。

■ケンブリッジを選んだ理由

私が留学を決断したときは「イギリスのどこかの大学院に進学できたらいいな」という漠然としたイメージで、イギリスにある語学学校の大学院進学準備コースに通い始めました。当時は情報も少ないこともあり、明確にどこの大学院に行きたいかもわからなかったのです。「どの街で大学院準備コースを受講しようか?」と迷っていたときに、学校のスタッフの方がケンブリッジの街を勧めたので、ケンブリッジを選びました。ケンブリッジは落ち着いていて、街全体が大学に包み込まれているようなアカデミックな雰囲気で、とても好きになりました。**大学のキャンパスを巡っては、そこで勉強をしている自分を頭に描いたことで、「ここに入学したい！」という目標が明確に定まりました。**

■1年後プロフィールを作ろう

私は、達成した後の世界をイメージする方法として「1年後プロフィール」をオススメしています。是非、すでに目標を達成している1年後の自分がどうなっているかというプロフィールを作ってみてください。「1年後プロフィール」の一例を紹介します。

「TOEIC®で900点を取得し、今より英語が堪能になって、上司や部下に信頼され、憧れだった海外プロジェクトに携わり、毎日英語で仕事をしている。ついにプ

ロジェクトリーダーを任されるようになった。私のプロジェクトチームは東京、ニューヨーク、ロンドンのメンバーが参画していて、毎日、現地のメンバーとやり取りをしながらプロジェクトを進めている。刺激の連続だ」

「10キロのダイエットに成功したからご褒美に××と沖縄に行ってきた。久しぶりに水着を着るのが楽しみだった。スキニージーンズが履けるようになってお洒落のバリエーションが増えて、毎日、何を着ようかワクワクするし、ファッション誌を見ても前よりずっと楽しくなった」

「100万円貯金に成功して家族とロサンゼルス旅行へ行った。本場の大きなハンバーガーや、奮発してステーキなども食べた。1日はサンタモニカビーチで何も考えない時間を過ごした。ユニバーサルスタジオハリウッドでは子どもたちが大興奮。最終日はショッピングでお気に入りのカバンを買った」

ガイドブックや旅行情報サイトを見たり、Instagramでワクワクする写真を見つけたりするとイメージがより膨らんでいきますね。達成した後の自分を鮮明にイメージするのです。詳しく書けば書くほど、「将来の自分像」が明確になり、強力なモチベーションの源泉となります。

Check!

「1年後プロフィール」を書くために達成後をリアルにイメージしよう

3

叶いやすい目標とは？

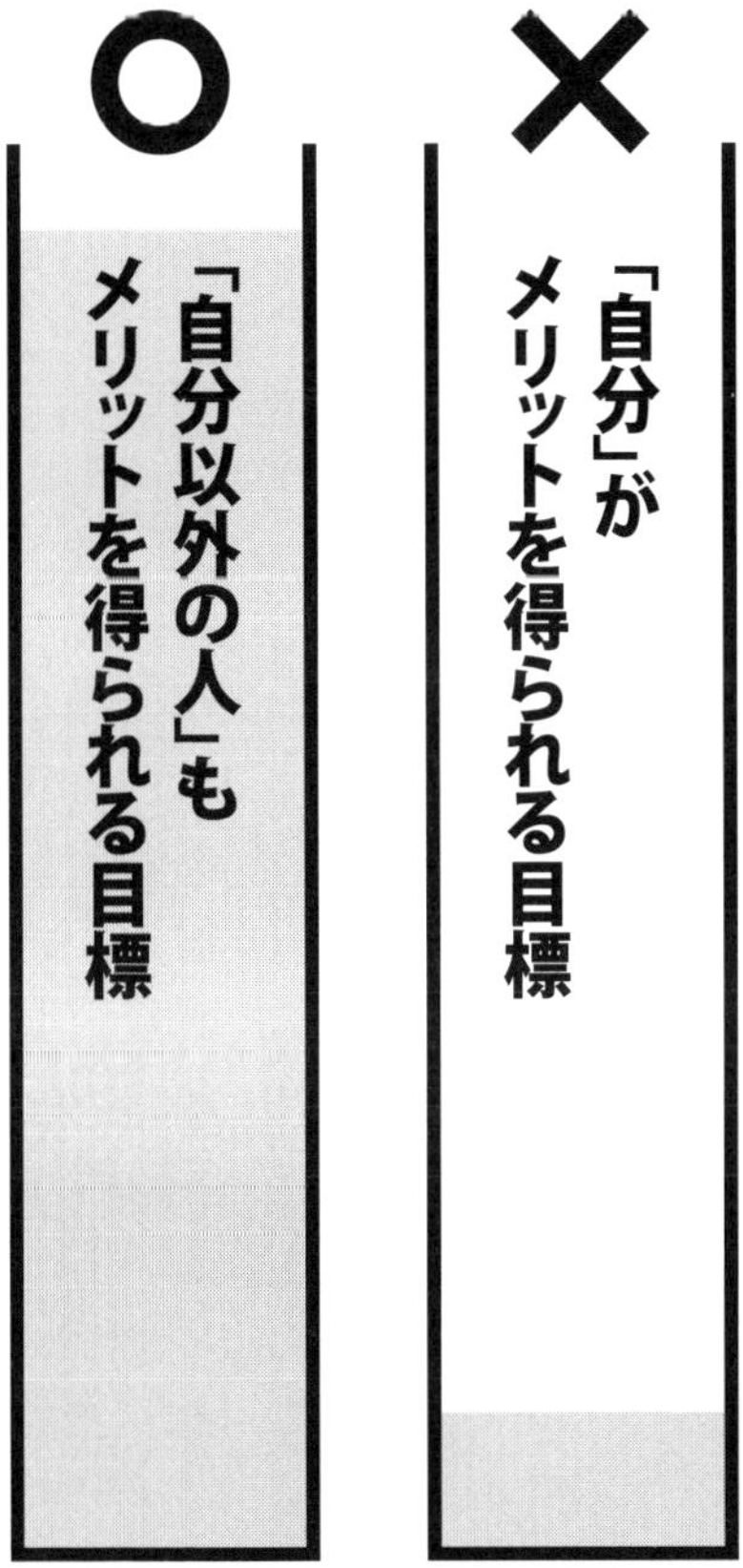
×
「自分」が
メリットを得られる目標
○
「自分以外の人」も
メリットを得られる目標

■利他的な行動が、モチベーションの源泉になる

モチベーションを高めてくれる「目標の立て方」にはコツがあります。

それは、自分だけがメリットを享受する目標は立てないということ――。

実は、自分だけがメリットを享受する目標は心の底から「頑張りたい」と思える目標にはなりにくいのです。

ハーバード大学ビジネススクールのマイケル・ノートン教授とカナダのブリティッシュコロンビア大学の心理学者エリザベス・W・ダン博士が共同で行った実験をしました。

2つの学生のグループで一方にはいつも通り、自分のためにお金を使ってもらい、もう一方には他人のためにお金を使ってもらい、それぞれの幸福度を測る、というものです。

また、それぞれのグループの学生に5ドル、もしくは20ドルのお金を渡しました。

結果、自分のためにお金を使った人の幸福度は下がりはしませんでしたが、一定の

ままでした。一方、他人にお金を使った人は幸福度が増したのです。

また世界中のほとんどの国で、慈善活動に寄付行為をする人たちのほうがしない人たちより幸福度が高かったのです。

このように利他的な行動によって私たちの幸福度を高めることができます。**誰かのために頑張る。それによって社会と自分とのつながりを感じることが大きなモチベーションとなり、自分の頑張る理由にもなります。**

■3つの軸で動機を持つ

達成することで、自分にも周りにもベネフィットがある目標を立てることで、「簡単に諦めてはいけない」と思う理由をもてます。

一方、自分のためだけの目標ならば、先延ばしの対象になりますし、誰にも迷惑がかからないので、やすやすと投げ出してしまうかもしれません。

その意味でも、動機は複数持つことが大切です。この軸となるのが、「自分」「周囲」

「社会」の3つです。

ここで指す「周囲」とは家族や仲間、同僚のことです。達成することで、「周囲」の人たちは、どんなベネフィットを得られるのか考えてみましょう。最後に「社会」、つまり多くの人たちにとって、どんなベネフィットがあるのかも考えてみましょう。

この3つの柱を立てておけば、心が折れそうな場面でも持ちこたえることができます。

■ケンブリッジ入学時の目標とは

私がケンブリッジの出願書類を作成する上で、「何のために学びたいのか」をじっくりと考える必要がありました。

「自分」の目標は「最高峰の大学で心理学を学び、それを活かして仕事ができる自分をつくること」です。

出願にあたってはたくさんの人の応援を受けていましたので、「結果を出すことで絶対に恩返ししなければいけない」という気持ちになりました。

達成度が上がる目標の立て方

期限を作る

「いつまでに」達成したいかを決め、達成可能な小さなゴールをたくさん作っていく

数字を入れる

「5キロやせる」「英検準一級に合格する」「１００万円貯金する」などといった数字を入れることで進捗を管理しやすくなる

一口サイズの目標を立てる

小さく達成できる目標を立て、「ちゃんとできた」という経験を積み上げていく

書き出してみる

ドミニカン大学 カリフォルニア校の心理学者ゲイルマシューズの研究によると、目標を頭でイメージした人よりも書き出した人の方が 33% 目標達成率が高かったという。ポイントは「目標を達成してどうなりたいのか」「具体的な目標は何か」「いつまでに達成するのか」「そこまでどんなことをやっていくのか」を書き出すと、より達成の確率は高くなる

上手にハードルを上げる

まずは緩やかなところから始めて、徐々にハードルを高めていくことでラクに続けられるようになる

結果を出して、周囲の人たちに「あなたのおかげで、この結果を出すことができました」と報告する、という柱を立てました。

大学院に入る前の1年間はイギリスの語学学校で英語を学びました。そのときに出会った恩師ミックはどんなときも私を励ましてくれました。ケンブリッジの卒業式にはミックを招待する、ということも決めました。

そして、実際にミックに卒業式に参加してもらうことが叶ったのでした。

自分の目標に人を巻き込むことで、**応援してくれる人が増えていき、結果的に「諦められない理由」や「頑張る理由」も増えていくのです。**

自分のためだけの目標ではなく、誰かのためにもなるということを明確化しましょう。

人を巻き込めば新しい動機が生まれますし、それを社会にシェアしていくことで人の役に立っているというモチベーションも生まれます。

それは誰のためなのか、家族のためになるのか、一緒に仕事をしている人のためになるのか、仲間のためになるのか。そんなことをイメージしてみましょう。

人は自分のためだけだとなかなか頑張れませんが、誰かのためならば頑張れるものです。

Check!

目標を立てるとき、人のためになるという視点を持とう

4

勉強、早起き、ダイエットなどを習慣化するコツは？

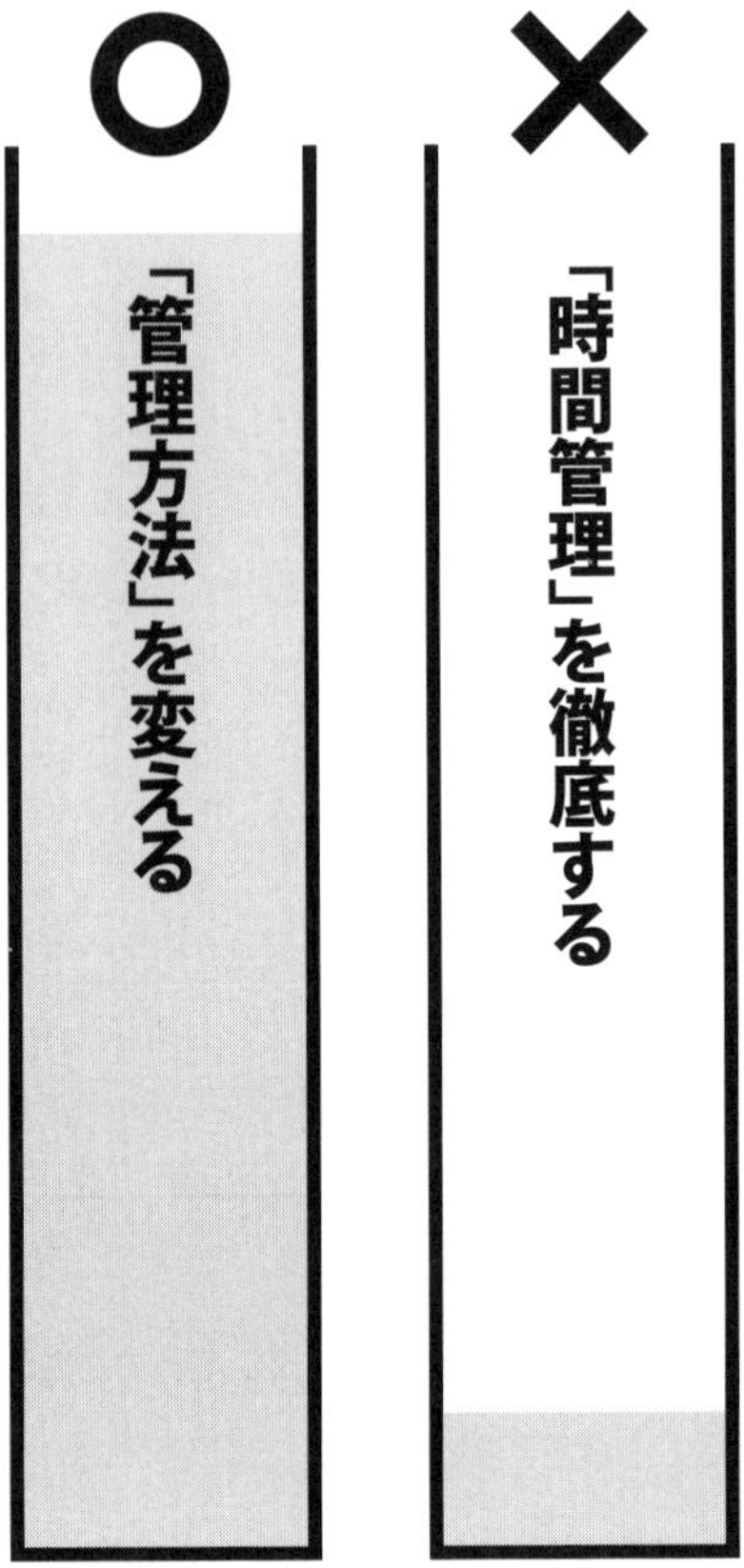

■管理方法が異なる

勉強と生活習慣の改善とではステップ化の方法は異なります。

「時間の確保」が肝になるのか、それとも「行動のコントロール」が肝になるのかで大きく分かれるからです。

時間の確保が肝になる場合は、「スケジュール帳」と「ｔｏ ｄｏリスト」を駆使していくことになります。

一方で行動のコントロールが肝になるほうは「ルールづくり」が大切ですから、スケジュールとは少し異なる管理が必要になります。

■「時間の管理」が必要な場合

勉強であれば「いつ」「何を」するかをスケジューリングすることが求められるのでカレンダーやｔｏ ｄｏをコントロールしていくことが求められます。

早起きはどちらかというと、勉強と同じように考える必要があるでしょう。

なぜならば、時間のコントロールが肝になるからです。夜遅くまで予定を入れてしまっていたとしたら早起きは難しいでしょうから、夜早く寝るための作戦を練りスケジュールを書き込んでいく必要があります。

■「行動コントロール」が必要な場合

一方で**ダイエット**ならば、主には「運動」と「食事」ですから、「運動」に関してはスケジュール帳に「いつ」「何を」するかを書き込んでいく必要があります。

なお「食事」に関してはスケジュールとはあまり関係がないですから、スケジュール帳の出番ではないでしょう。

むしろ「食べたものの記録」と「何を食べたらいいかの計画」を作るほうがいいでしょう。糖質制限をしていても大事な会食が入り、糖質を取らざるを得ない日もあるでしょうから、1日トータルでの計画を練ることが大切です。

また、不必要なものを摂取しない、つまり「食べたくならない」工夫も肝要です。

習慣によって管理方法を変える

『時間の管理』
が必要になるのは

勉強　早起き　など

↓

「スケジュール帳」「to doリスト」を使う

『行動の管理』
が必要になるのは

ダイエット　貯金　禁煙　など

↓

「ルールづくり」が大切

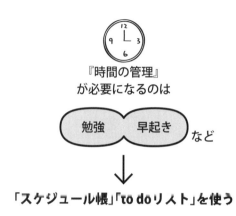

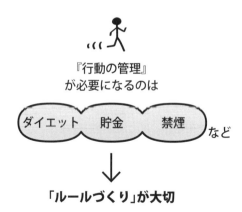

貯金や**禁煙**であれば、無駄遣いをしてしまう購買意欲を誘発するものに触れないような工夫が大切ですし、タバコを吸いたくならないような工夫も必要です。

もちろん徐々に減らしていくという点においてはざっくりとしたスケジュールは必要ですが、時間とにらめっこをするような必要性は低いですね。

■スケジュールは緻密に立てない

何事もスタートするときにエネルギーがいります。ここでつまずくと継続するのが難しくなります。逆に、**ちょっと上手くいくことがあったり、手応えを感じられたりすると、もっと続けたくなるものです。**

その意味でも、まずは3日坊主を目指すと良いのです。

3日でやめることを前提にしているわけですから、出口が最初から見えています。

そこで成し遂げたい小さなゴールを設定して、確実に越えることができれば、きっ

「3日でやめる」つもりで始めてみよう!

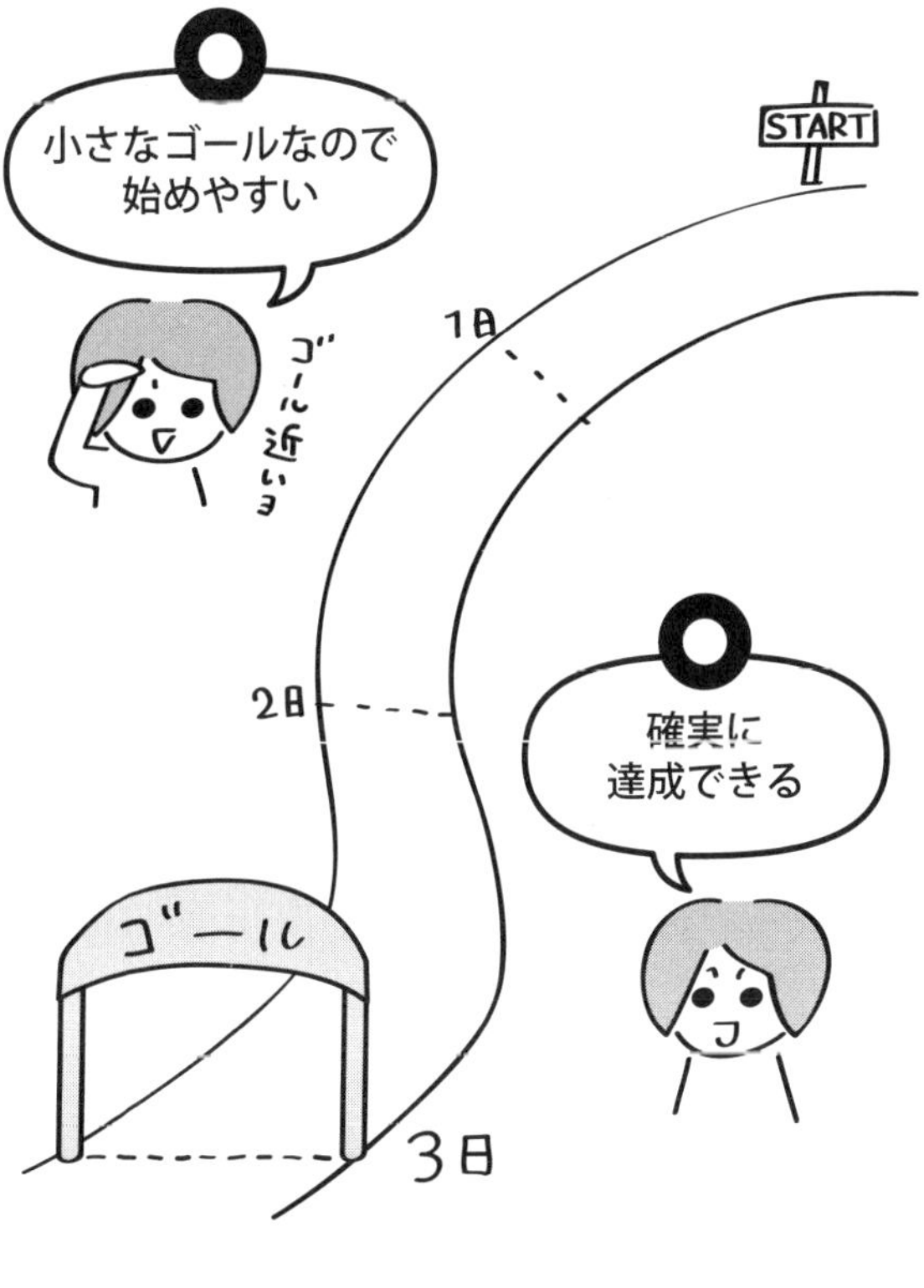
小さなゴールなので
始めやすい
ゴール近いヨ
START
1日
2日
3日
ゴール
確実に
達成できる

いいスタートが切れ、
その後の「スケジュール作成」にも役立つ

とやりがいを感じることでしょう。

小さくやってみてうまくいくと「手がかり」ができるので、その時点のほうが実効性のあるスケジュールを立てやすいのです。

▪「3日間」の過ごし方

例えば、3日間でできそうな薄い参考書をまず買ってみて着手してみます。とにかく3日間でできる限りをやってみましょう。

3日続いたら、もしかするとスマホでゲームをする時間を減らしたり、いつもより少し早起きして頑張ったりしたからうまくいったのかもしれません。いい自信につながるでしょう。

一方でうまくいかなかったのであれば、参考書が思ったより難しかったのか、時間の確保がうまくいかなかったのか、それとも、そもそもそれほど大事な目標ではなかったのかなど、**ちょっと振り返ることで、多くの気づきを得ることができます。**

Check!

「3日の経験」が貴重な糧になる!

気づきを得たことが大きな進歩ですよね。**いきなり達成しにくい計画を立てて大きくつまずくよりも、3日間の小さな目標を立ててつまずいたほうが、よほど修正しやすいというものです。**

最初から「続けなければいけない!」と意気込んでしまうと行動しにくくなってしまいます。うまくやろうとしすぎてしまうからです。

まずは小さく成功して、次なる戦略を立てましょう。 これが目標に着実に近づく方法です。

5

「時間管理」が苦手だから

×

その都度、スケジュールを確認する

○

タスコンノートを活用する

Check!

タスコンノートは救世主！

■タスコンノートを活用する

実は、私もスケジュール管理がうまくできていたわけではありません。

スケジュール帳にあれこれ書き込んではみるものの、急な仕事が入ったり、プライベートでトラブルが起きたりと、スケジュール通りにはなかなかうまくいかないもの。それでモチベーションが下がってしまう、ということを何度も経験してきました。

そこで私が編み出したのが、タスコンノートです。タスコンノートというのは、タスク（やろうと思っていること）をコンプリート（完了）させるという意味で名づけました（拙著『「すぐやる人」のノート術』〈明日香出版社〉を参照）。

このノートは非常に反響があり、特に「スケジュール帳だとできていない自分を自覚するのが辛かったけど、これに変えてから、とてもラクになりました」「気乗りしない日にも気づいたら、やろうと思っていたことができていて、やる気が出ます！」という声が多く寄せられています。

6 タスクの書き方のコツは？

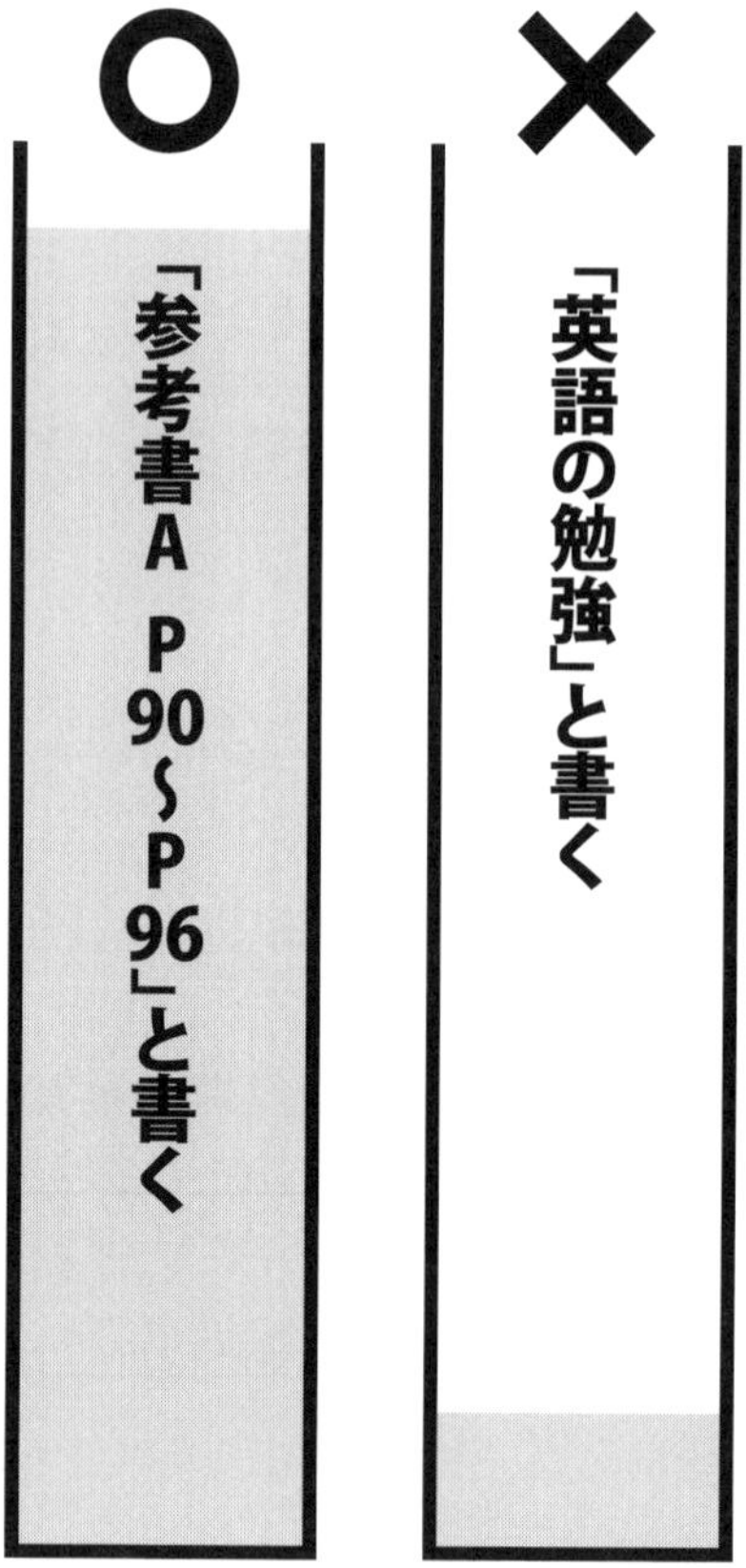
×
「英語の勉強」と書く
○
「参考書A　P90～P96」と書く

■タスコンノートの使い方

簡単に説明すると、Ａ４の紙を一枚用意して、今日やることを付箋に書き出して、Ａ４用紙に、取り組む順番に並べていきます。

付箋に書くのは「英語の勉強」「筋トレ」と書くのではなく、「腹筋30回」「スクワット20回×２」、勉強ならば「参考書Ａ　Ｐ90～Ｐ96」「英字新聞の時事記事を読む」など、**ひとつが15分以内程度で終わるタスクです。**

付箋に小さなタスクを書いていき、やりやすい順番に並び替えて、サクサクとこなしていきます。気乗りしないときも、やりやすいことから順に取り組んでいけばいいので楽なのです。始めてしまえば、徐々に気分も乗ってきて、「これもやってしまおう！」とドンドン取り組めるようになります。

思わぬトラブルやハプニングが起こっても、付箋を組み替えることができるので自由度が高いのです。今日できなかったら、その付箋を明日に回せばいいのです。未消化であるという現実を心苦しく思ってモチベーションが下がるくらいならば、**「明日にやる」という選択肢があってもいいですよね。**

こなしたタスクの付箋は捨てずに、1日が終わるまでA4用紙に貼ったままにして、完了したものは取り消し線だけ入れておきます。

そうすることで、完了したものが続々と増えていきますから、「お、今日はこれだけやったのか！」と**〝もう少し頑張るモチベーション〟が生まれます。**ゲーム感覚でタスクを付箋に書き出していっては、それを片付ける「快感の虜」になっていくのです。

■タスコンノートの活用法

私は今でも、毎日このタスコンノートを作成してはクリアファイルに入れて持ち歩いています。

状況は刻々と変わりますから、随時、自分の状況に合わせてto doを組み替えていけるので、常にベストな選択ができています。

夜には全ての完了した付箋を捨てます。どれだけこなせたのかを客観的に把握できますから、「今日はこれだけ頑張ったんだな！」と感じることができて、「明日も頑張

タスコンノートとは

やることを書き出し、付箋を貼っていく

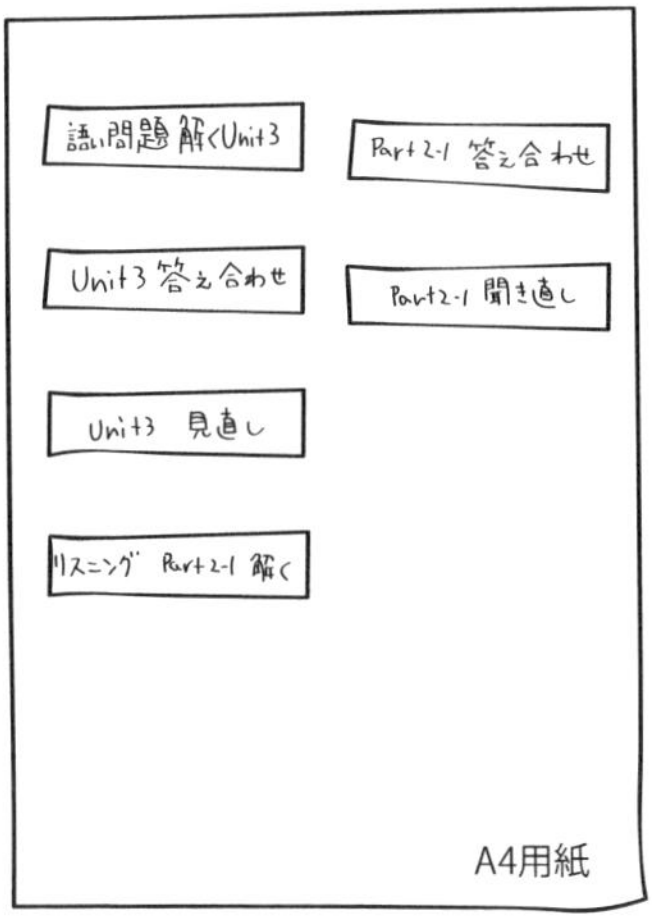

〈付箋の書き方のコツ〉

具体的に書こう！

✖ **「英語の勉強」「筋トレ」** 曖昧すぎる

◯ **「参考書A p90-p96」「英字新聞の××を読む」**

◯ **「腹筋30回」「スクワット20回×2」**

ろう！」というモチベーションにつながっていきます。**このように頑張ったことを「見える化」すると、自信が湧いてかなり強力なパワーとなります。**

もしスケジュールを書き込んではいるものの、なかなかその通りに進められずモチベーションが下がっているならば、ぜひタスコンノートを試してみてください。

Check!

タスコンノートは自由度が高く、使いやすいので続けやすい！

7

「安定した時間」を確保するために

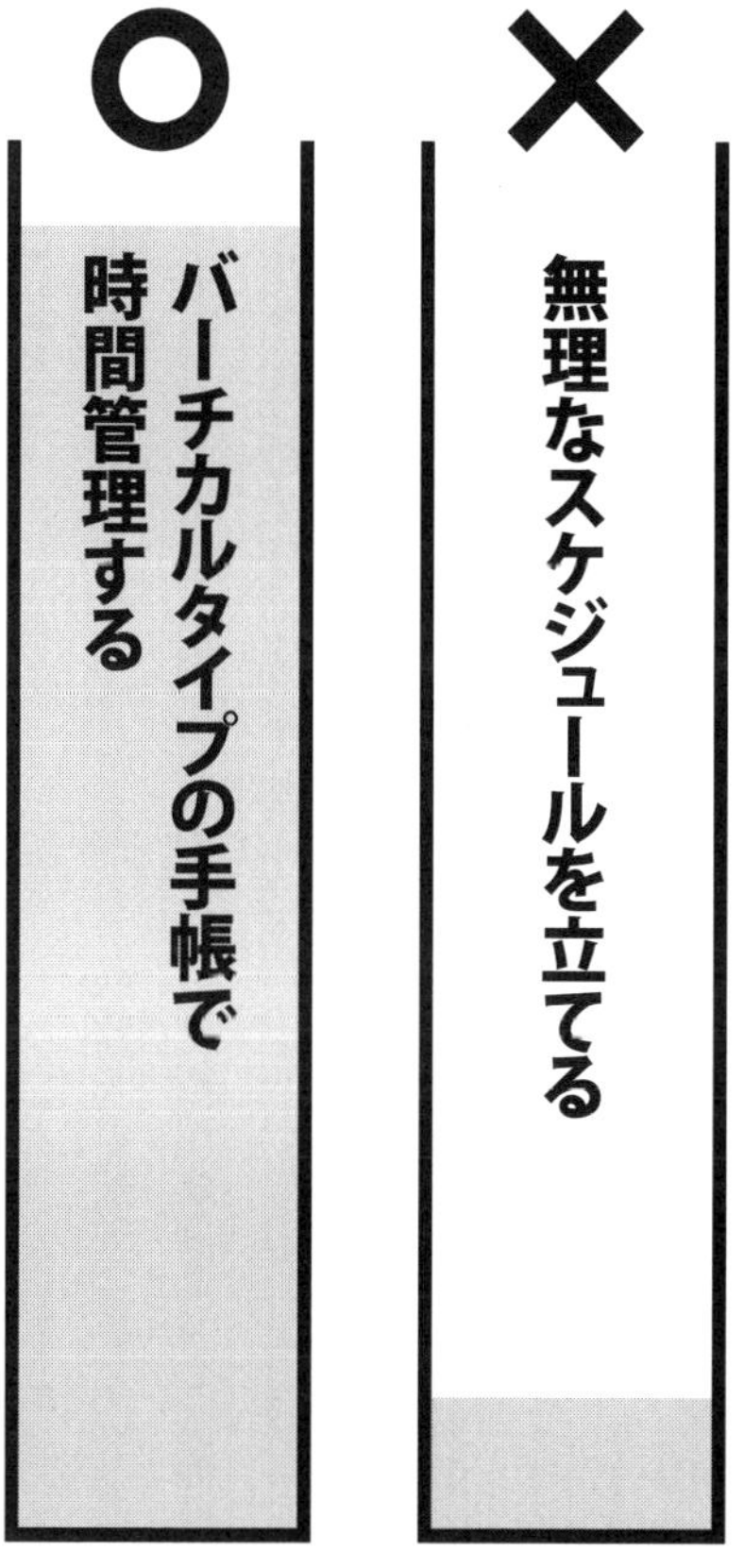
×
無理なスケジュールを立てる
○
バーチカルタイプの手帳で時間管理する

■使える時間を洗い出そう

続けられない原因のひとつが、続けるための「安定した時間」を把握できていないことにあります。まずは手帳の使い方から変えてみましょう。**私がオススメするのは1週間見開きのバーチカルタイプの手帳です。**予定を週単位で見ることができますし、何より朝から夜までどれだけ時間があるのかを把握しやすいのです。

Googleカレンダーもバーチカルタイプで使うことができるのでオンライン派の人はそれでもいいでしょう。「24時間が何に時間を割いているのか」を把握することが肝要です。手帳を用意したら、仕事や学校の時間を除いて、どこにやりたいことができる時間があるかを確認してみましょう。

海外留学を目指す弁護士Aさんは毎日帰宅の時間がバラバラで、遅いときはそれこそ深夜に近い時間になることがありました。しかし、海外留学の夢を叶えるためには英語の試験をパスしなければなりません。リスニング、リーディング、ライティング、スピーキング、文法、英単語とこれだけやるべきことがあるわけですから、不定期な

30分を週に2、3回しか確保できないようでは到底目標をパスすることはできません。

そこで、「朝型の勉強」に切り替えることにしたのです。朝の出社時間はほぼ一定ですし、いつもよりも早く起きれば、誰かに邪魔されるリスクも少ないからです。

可処分時間を把握して「安定した時間」を作り出す。そのために、まずはバーチカルタイプの手帳で可処分時間の把握をすることにしたのです。

■自分との約束を記す

この可処分時間の把握ができたら、手帳に「自分との約束を記入する」ことをオススメします。仕事や学校、食事のアポイントメントは手帳に書いていますよね。それと同じように、ジョギング、オンライン英会話、ジム、勉強の時間も書き込んでがっちりと押さえましょう。

例えば、仕事の後にジムに行くことをスケジューリングしておけば、同僚に飲み会に誘われても「予定があるんだ、ごめん」と断る判断もしやすいですよね。また、朝、ジョギングや読書などを予定に組み込んでおけば、早く起きることへの動機づけもしやすくなり、早起きすることも併せて習慣化できることでしょう。

さて、Aさんは仕事帰りの時間帯から朝に勉強することへ切り替えました。

多忙な時期は寝坊することもあったそうですが、毎朝30分オンライン英会話の受講をして、その後、1時間他の勉強をしてから出社することにしました。**朝、1時間半の勉強時間を確保できたことで、安定して勉強を続けられるようになったのです。**

「朝時間の活用」によって、自分をコントロールできている感覚を持てたことが1日の活力にもなったそうです。また、朝のオンライン英会話のレッスンが楽しくて英語の勉強へのモチベーションも高まったようでした。

皆さんも、ぜひ「続けるための時間」を作り出しましょう。そのために自分とのアポイントを予定に書き込んでみてください。

Check!
今スグ、「使える時間」を確保しよう!

5章

「自力でコツコツ！」はマチガイ
「他人の力」で加速する

1

続けるのがうまい人は

× きっとタフに違いない

○ 「他人の力」を上手に使う

▪続く人、続かない人の違いとは

これぞと決めたことをやり続けることは、ある意味孤独な作業です。ときには些細なことで心が折れたり、やめてしまったりすることもあります。

私たちは、その日の気分やコンディションでも気分が変わります。少しでもイライラしたり疲れていたりすると、「サボろう」という意識が働きやすくなるのです。

私にも経験がありますが、仕事を頑張った日などはとくにそうなりやすいのです。帰宅後、やっと自分の時間を持てるときがきたわけですから、その開放感から「やりたくない」という気持ちは強くなってしまいます。

私自身がそうでしたが、挫折しやすい人ほど、「自

分の力」のみで頑張ろうとします。それでうまくいかないと、性格の問題だと考え自信をなくしてしまうのです。

そんな事態を避けるためにも、是非活用してほしいのが「他人の力」です。

こんな経験はありませんか？　学生時代、勉強ができる友達と一緒に勉強したら成績が上がったこと。あるいは憧れのスポーツ選手や起業家がいて、その人の考え方や価値観をお手本にしていたらモチベーションが上がったなど……。

自分ひとりではできなくても、他人の力を借りることでグンと成果が出やすくなるという経験は、多かれ少なかれしているものです。

「他人の力」を上手に使えば、モチベーションも行動力もグングン上がります。ぜひ、意識的に活用して、自分を上手に動かしていきましょう。

Check!

他人の力を使えば、自分をスイスイ動かせる

2

モチベーションを維持するために

× ストイックに頑張る

○ 「頑張る姿」を見て、パワーをもらう

■人の頑張っている姿は刺激になる

同じ目標を持っている人と一緒にやることもモチベーション維持には効果的です。

心理学では「代理強化」という言葉があります。

これは、自分がやりたいと思っていることを誰かが達成する過程を目にすることで「自分にもできるんじゃないか」と感じやすく、モチベーションを高めることができるというものです。

私が何かを達成できたときを振り返ると、まさに他人の力の影響を大きく受けていたと感じます。

ケンブリッジ大学院時代、朝早く起きると、まずは自分の部屋にこもって論文や課題に取り組みましたが、朝9時になるときまって大学の図書館へ足を運んでいました。同じコースメイトが文献や論文と向き合ってコツコツと頑張っていたからです。そうした環境に身を置くことで自然と集中することができるのです。

英語圏出身者が8割を占める環境で、私の英語力はクラスで最下位でしたから、彼、

「代理強化」を活用する

達成したい目標があったら……

同じ目標に向かって
成果を出している人を観察する

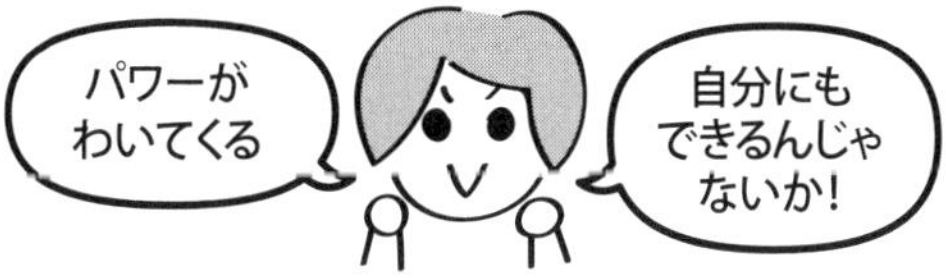
パワーが
わいてくる
自分にも
できるんじゃ
ないか!

達成スピードが増す!

**周囲の人から学んだり、
SNSを活用したりして自分を上手に動かそう**

彼女ら以上に頑張らないと修了できないと感じていたので、環境の力を利用することが最大の目的だったのです。

人は人に影響を受けるものです。もし新しいことを始めようとしていてスクールや勉強会に参加してみようと思う方は是非、何を学べるかだけでなく、誰と学べるのかも意識してください。

例えば、英会話スクールに通う場合、見学や体験会に参加したときには、このクラスに入ったら周囲から刺激を受けられそうかどうかを考えてみてください。モチベーションが下がりそうなときにセーフティネットになってくれるでしょう。

■SNSはこうして活用する

今であれば、SNSやスマホのアプリで仲間づくりをしてもいいですね。

Instagramではハッシュタグでジョギングや筋トレをしている人を見つけることもできます。ダイエットならば「#ダイエット」「#インスタダイエット」「#レコーディングダイエット」「#ダイエット記録」「#ダイエット日記」などで検索してみるとダイエットを頑張っている人を見つけることができますし、ダイエット食を工夫して作って紹介している人を見つけることもできます。

「あ、これは試してみたい！」「こんな工夫もあるのか」と新しい気づきも得られるでしょうし、素敵だなと感じる人とつながることで、モチベーションの維持にもつながります。

自分でも勉強記録や、ダイエット食などをアップしてもいいですね。同じような目標を持っている見知らぬ人からコメントがきて仲良くなれば、モチベーションを維持できます。Twitterだけでなく Instagram でも複数アカウントを持ち、テーマごとに使い分けているユーザーは多いですから、新しいアカウントを開設してみてもいいでしょう。

Check!

「代理強化」で行動力がアップする！

3 スランプにはまったら？

× 原因を突き止めようとする

○ うまくいっている人のマネをする

■うまくいっている人から、アドバイスをもらおう！

続ける上で大事なことは、考えすぎないことです。「どうやってやろうか」とあれこれ考えると億劫になりやすいからです。

とくに、モチベーションが落ちてきたときは、うまくいっている人のマネをしたり、アドバイス通りにやってみることが脱出のカギになります。

「守破離」という言葉を聞いたことがある人もいるでしょう。千利休が茶道を通して体得したといわれている、人がある道を究めるステップのことです。「守」とは習ったことを徹底してマネる段階。「破」とは「守」において型を習得していったものに、「自分ならこうする」という思いを加えて型にアレンジを加えていくことです。「離」とは、オリジナルを確立していく段階のことです。

宮崎駿監督といえば、ジブリ作品で、非常にクリエイティビティ溢れた印象を社会に与えていますが、実は、映画監督、故高畑勲さんの下につき、考え方や立ち居振る舞い、話し方、そして、字の書き方まで徹底的にマネをしていた時代があったのです。その経験を通して表現者としての基礎を築いていったそうです。

「学ぶ」という言葉は、昔は「まねぶ」と言われ、そもそもの「学ぶ」の語源は「真似ぶ」から来ているそうです。「自分らしさ」を築くためには、型が必要なのです。だから、100%模倣するつもりで観察をして、「徹底的にパクる」を実践していく。潜在意識まで、それが染み込むようにまずはやってみるのです。

■アスリートのスランプからの脱し方

野球の川崎宗則選手がスランプに陥って、思うような結果が出ないとき、チーターがサバンナを俊敏に駆け回るところや、サッカー元ブラジル代表のロナウジーニョ選手がプレーする姿を何度も何度も見たそうです。

こうした映像を繰り返し見ることで、リズム感やタイミングなどの感覚を脳に何度も何度も刷り込ませていったそうなのです。この経験が、スランプを乗り越えるきっかけになったといいます。

スリンプにはまっているときは、まさに蟻地獄のようなもので、そこでもがき続けるとドンドン悩みが深刻化して、そこにはまっていってしまいます。

「うまくいかないな」と思うときや、もがいているときは、そこでバタバタするのはやめましょう。

引っかかっているフックを外すために、ひたすら「自分のモデル」を観察しましょう。そしてイメージトレーニングをして、マネをするといいのです。

「自分でやらない努力」というのは、続けていく上で大事ですね。

Check!

アドバイスをもらい、ドンドン動くうちにスランプから抜けられる

4
達成スピードを上げるには？

■「人の目」のスゴい効果とは？

「宣言効果」を知っているでしょうか。自分の目標を周囲に宣言することで、その目標が達成しやすくなる効果を指します。

目標を周囲に宣言しないと、その目標は自分だけのものです。そのため、辛くなったり投げ出したくなったりしたとき、簡単に目標をあきらめてしまいます。

しかし、**周囲に宣言することにより、「いつも口だけだなと思われたくない」「ここで投げ出したら恥ずかしい！」といった心理が働きます。**そのため、宣言しないときより目標達成に向けて頑張れるようになるのです。

■応援する人もグンと増える

さらに、他の人の協力を得られるというメリットもあります。

例えば、「○○さん、最近どう？」と気にかけてもらえるだけでも「頑張らなきゃ」という心理が働きます。もしかすると「最近、甘いものを食べる量が増えてない？」と知らせてくれるかもしれません。

私がケンブリッジ大学院を受験するとき、1年間、イギリスにある語学学校で英語の勉強をしていました。

私が参加していたコースは、みんなイギリスの大学院進学を目指していましたが、ケンブリッジに合格する人は数年に1人程度だったため、私がクラスメイトに「ケンブリッジを目指す」と宣言したときには、ほとんど誰も信じてくれませんでした。当時、成績も中位くらいでしたから、そう思われても当然でしょう。

しかし、宣言したことで、徐々に応援してくれる人が増えていったのです。

特に先生方はいろんな情報やアドバイスをくれるようになりましたし、「応援してもらえている」という感覚が生まれ、「成果を出して恩返ししたい！」と思うようになりました。そのうちメキメキと英語も上達していき、応援してくれるクラスメイトもドンドン増えていったのです。応援されると「ここで終わるわけにはいかない」と思えるものですね。

なお、誰に宣言するかは大事です。まずは応援してくれる可能性が高い人を選びましょう。すでに達成している人であれば具体的なアドバイスをくれるでしょう。また、自分に良いプレッシャーを与えてくれる人を選ぶのもいいでしょう。「あの人に口だけだと思われたくない」と思える人です。尊敬している上司や大好きな先生もいいですし、バカにされたくない部下や後輩でもいいですね。

■ブログで日記を書く

noteを使って日記を書くのもいいですね。100日ダイエットのように設定して、100日間限定でどこまで理想の体に近づけるかをチャレンジします。

体重や体脂肪率などを記録しながら、人によっては顔を隠して上半身の写真や、その日食べた物の写真をアップします。

それに加えてダイエットのために取り組んだ筋トレやランニングなどの記録も記します。

またSNSを活用した方法もモチベーションが高まるでしょう。

例えば Twitter ならば140字という制限があるので、「今日したことのリスト」と「振り返り」を書くのでもいいですね。

私のSNSのフォロワーさんの中には「毎日の勉強記録」をネットにアップしている人もいます。SNSだと同じような目標や趣味を持っている人とつながりやすく、続けることでコメントも増えていきますから、続ける快感を味わうことができます。いずれにしても続けることが目的なので、面倒にならないラクにできる方法でやることが大切です。

Check!

宣言して、できない言い訳を封じる

6章

マンネリからの脱し方

「正攻法が一番！」はマチガイ

1

マンネリから脱するために

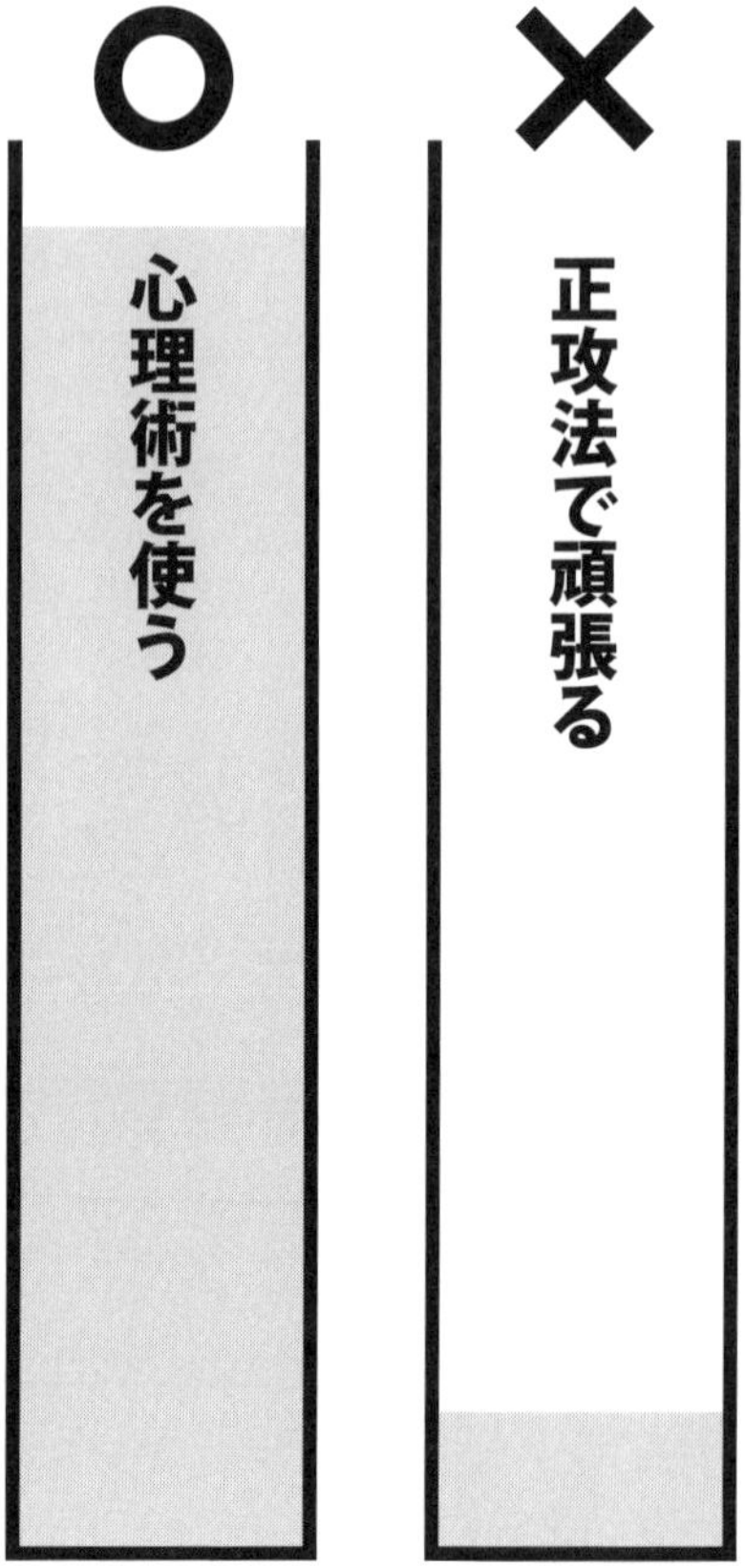

■サイズで自分を騙す

何ごともある程度、続けているうちに飽きてきます。いわゆるマンネリ化です。そんなときこそ「続ける工夫」が必要になります。そこで、積極的に活用したいのが心理術です。

ジョージア工科大学の実験などから、私たちは使うもののサイズによって、心理的影響を多大に受けていることがわかっています。

例えば、全く同じ量の料理でも盛り付けるお皿の大きさによって、感じる量は変化します。大きなお皿に盛り付けられた料理は少なく感じ、小さなお皿に盛り付けられた料理は多く感じます。同じ量であるにもかかわらず、満腹感に影響を与えるのです。

これをダイエットに応用するならば、できるだけ小さなお皿を使うようにするだけで、満腹感を得やすくなります。

家にあるお皿を小さなもの以外はどこかにしまってみてはどうでしょうか。食事をするときは小さいお皿だけを使うようにするのです。

フライパンや鍋も小さなものにしてみましょう。サイズが大きいと、「なんか足りない気がする」とつい材料を多く入れすぎてしまい、結果的に思った以上にたくさん作り、食べすぎてしまうという悪循環に陥ってしまうからです。

小銭の貯金をするときも同じです。大きな貯金箱に５００円玉をコツコツ貯めても、全然貯まる気配がありませんよね。これだとモチベーション維持が難しいですよね。**それならば小さなコップにお金を貯めるのはどうですか。**これなら、すぐに貯まるので１枚１枚増えていく感覚が楽しくなります。

これはお店のポイントカードに置き換えてもわかりやすいですよね。すぐ貯まるポイントカードの方が長い道のりのものよりも貯めるのが楽しみになります。**モチベーションを維持するには小さな達成感を得ることが大事なのです。**

Check!

サイズを変えて、達成感を得よう

視覚によって感じ方が変わる

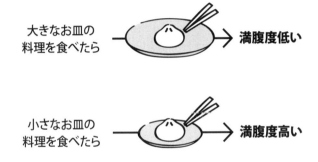

ジョージア工科大学の実験によると

大きなお皿の
料理を食べたら

満腹度低い

小さなお皿の
料理を食べたら

満腹度高い

お皿のサイズによって、
同じ量でも満腹感に違いが出ることがわかった

視覚のトリックを上手に使って
達成感を得やすくするのも一策

2

日記を書くのが面倒になったら

✕ 毎日、同じことを書く

○ 小さなノートに変える

■ノートを小さくする

「視覚のトリック」を日記にも応用してみましょう。

日記がなかなか続かない人は、ノートの大きさを変えてみるのもひとつの手です。

立派な日記帳を買ってくると、最初の2、3日は調子よく書けるかもしれません。これはモチベーションの新鮮さによるもの。でも、徐々に日記を書くことが負担になってきて、疲れた日は「面倒だから明日でいいや」という気持ちが芽生えてきます。

その理由のひとつが、「ノートが大きいから」なのです。

確かに、1日1ページ記すタイプの大きな日記帳はかっこいいのですが、余白が大きいと「ちゃんと埋めなくては」という意識が働きます。これが面倒になる原因のひとつなのです。

日記のノートは「ポケットに入るサイズ」を選ぶのがオススメです。さらに、罫線タイプではなく、「方眼タイプ」か「無地タイプ」を選ぶのがポイントです。

罫線タイプだと、書くことがないとき、その余白がストレスになりがちです。

一方、方眼タイプか無地タイプは自由度が高いので、気分に合わせて文字の大きさを変えられます。書く場所も選べるため、真ん中にドカンと大きな文字で書いてもいいでしょう。絵を描いてもいいですね。

そもそもノートが小さいので、少ししか書かなくても見栄えは悪くありませんし、たくさん書かないといけないという負担から解放されます。

■高校時代にしていた工夫

私は高校3年生のときに、「勉強日誌」をずっと書いていました。

それこそ、ポケットサイズの小さなノートを使っていました。毎日、1ページずつ、「今日は何を勉強したのか」「思うように進んだか」「課題はあったか」「よくできたところはどこか」など、「その日の気づき」を簡単に記録していました。

小さなノートなので、1日1ページ程度ならサクッと書けますし、達成感もあり、楽しく続けることができました。

なお、ダイエット日記や仕事日記、サッカー日記、勉強日記など、**日記をつける効**

日記のノートの選び方

ノートのサイズは「小さく」が基本！

無地タイプか方眼タイプがオススメ

日記を書くメリットは大きい！
習慣化するまでは、小さいノートを使おう

果は大きく、モチベーション維持に役立ちます。日々の変化が見えて振り返りやすく、次のステップが見えやすいというメリットがあるからです。その意味でも、日記を継続してつけられるようになる効果は大きいといえるのです。

■勉強ノートの選び方

日記の他にも、「勉強ノート」も小さいノートを活用することをオススメします。

A5ノートだと、見開きにすればA4資料も貼ることができるのでオススメです。A5ノートはA4ノートの半分の大きさですから、2倍のスピードでノートが埋まっていきます。**この進んでいる感覚が、「頑張っている自分」を認識することにつながり、モチベーション維持に役立ちます。**

余談になりますが、かつて勉強が習慣化しなかったとき、その原因はなんだろうと考えてみたところ、そのひとつの原因がノートにあったのです。

それまで、私はずっとB5サイズの罫線入りのノートを使っていました。学校や塾で先生の板書を書き写しているのですが、どこかしっくりこない。その原因は罫線にあったのです。よく考えてみると先生方は無地の黒板やホワイトボードに板書していますよね。だから、あちこちに自由に書けます。その上、書き忘れがあったら空いているスペースに書き足したりできるのです。

一方、罫線ノートを使っている私のほうは、新たに書き足すのが難しい上に、ごちゃごちゃしてしまい、ノートが見えづらくなっていることに気づきました。それ以降、無地ノートに変えました。ちょっとした工夫次第で、圧倒的に勉強しやすくなるのです。

何事も習慣化されるまでは小さくやることが大事。視覚のトリックはその一例にすぎません。**自分がやりやすくなるように、心理術をうまく活用しながら、「やっている感覚」を育て、自信につなげましょう。**

Check!

日記や勉強ノートは、無地か方眼タイプの小さなサイズを選ぶ

3

「モチベーションの低下」を防ぐには？

×

「頑張れ！」と自分を応援する

○

「小さなゴール」をドンドン作る

■「あと少し頑張ろう」を誘発するコツ

あるカフェで「コーヒーを10杯飲むと1杯無料になる」というポイントカードを作成しキャンペーンを開始しました。その結果、「10杯に近づくほど、次のコーヒーを注文するペースが早くなる」ということがわかったのです。

このように「ゴール（目標）の近くまで来ると、それが達成できそうだと感じ、モチベーションが上がる」という心理のことを「目標勾配効果」と呼んでいますが、マラソンなどはその典型ではないでしょうか。

ゴールまで遠いときは「まだまだ遠いな」と感じますが、ゴールが視野に入ってくると「よしあそこまでだ、頑張ろう」となります。

まずは遠い目標ではなく、少し頑張ることで達成できそうな目標を設定することなのです。

このように数字を使って「あと少し頑張ろう」を誘発する仕組みを作ることで、いい意味で自分を騙し、やる気を持続させることができるのです。

■作業がはかどる目標設定

そこで私が作業に当たるときは「2つの数字」を目標として設定します。

例えばランニングマシンに乗るときは**「経過時間」**と**「消費カロリー」**の2つの指標を意識します。

最大のゴールは「45分走ること」とイメージしていますが、「今から45分走らないといけないのか」と思うと「しんどいな」と感じてしまいます。

だからまずは「10分走ろう」ということで「時間」を目標にします。

「しんどかったら10分でやめてもいい」、そんな気持ちでスタートします。10分くらいはなんとかなりますから、9分が経過してきた頃、「とりあえず10分まではあと少し」という気持ちでモチベーションが少し高くなります。

しかし、10分が経過しそうになる頃、消費カロリーに目を向けると「76キロカロリー」などと表示されているのです。すると「100まであと少しだから100は超えたいな」と思いランニングマシンをあと10分延長します。12分ほどランニングすると

100キロカロリーを超えてくるのですが、今度は**「20分までいくと脂肪が燃焼し始める」**というような意識が芽生えて20分まで走るようになります。

20分経過する頃には消費カロリーの表示が160キロカロリーに。「200までもう少しだ」という意識で、また延長して最終的に45分まで到達します。

■ダイエットを成功させるコツ

ダイエットの場合だと「体重」と「体脂肪率」です。ダイエットには筋トレが効果的です。筋トレすることで筋肉量が増えて基礎代謝が向上します。そうすると、1日

の消費カロリーが必然的に増加するため、ダイエットに効果的なのです。

ただ、筋肉量が増加するので、筋トレをすると一時的に体重が増えることがあります。体内の筋肉が増えるからです。

だから、体重だけを指標にしていては痩せたのか太ったのかはわからない、ということになります。仮に、体重は増えていても、体脂肪率が下がっているのであればダイエットはうまくいっていますよね。

そもそもダイエットは一直線にうまくいくわけではありません。アップダウンする大きなうねりを経験しながらですから、たとえ体重は増えたとしても、体脂肪率が下がっていることを確認すれば、モチベーションの低下を防ぐことができます。

■ウォーキングするときのコツ

ウォーキングするのであれば「時間とカロリー」でいいでしょう。

体重60キロの人が普通の歩く速度で歩いた場合、10分で約32キロカロリー消費するといわれています。10分ごとに30キロカロリーですから、ウォーキングが億劫に感じるときはとりあえず10分歩くことを目標とします。
そして10分歩いたら32キロカロリー消費したことを意識してみましょう。あと6分歩いたら50キロカロリーです。そんなふうに時間とカロリーで「あと少し頑張ってみよう」を誘発してみるといいですね。
大事なのは数字を使って「あと少し頑張ろう」を誘発する仕組みをつくることなのです。

Check!

「達成しやすい数字」を設定すると弾みがつく!

4

「強力なモチベーション」になるのは？

×
懸命に日記をつける！

○
カレンダーに○をつけて、達成感を得る

■頑張りを「見える化」する

私は「目標専用のカレンダー」を作ります。ポイントカードのように、やろうとしていたことができた日は◯をつけたり、書きつぶしたりしていきます。

例えば、毎日腹筋を30回やると決めたら、そのために卓上カレンダーを用意して、やった日はペンで塗りつぶしていきます。やらなかった日は塗りつぶしません。**自分の頑張りを「見える化」するわけです。**

これを自分の部屋などの目に見えるところに貼っておけば、部屋に入る度に目標への意識づけができるので、「明日も頑張ろう」と目標達成の強力なモチベーションになります。

毎日やらなければ、印が飛び飛びになりますが、毎日続けていると、カレンダーがきれいに塗りつぶされていきます。塗りつぶした領域が増えていくと、「これだけ続けているんだな」ということが視覚的にわかるので満足感が得られます。

同時に、印が歯抜けになると気持ち悪いので、「そうならないようにしよう」という気持ちにもなれます。**つまり「頑張り記録の視覚化」ですね。**とてもシンプルですが強力です。

「自分にはできるぞ」という感覚、自己効力感を高める方法のひとつに進捗を管理するというものがあります。ちゃんとやっているのか、そうでないのかを管理するということで「自己効力感」が高まります。**つまり、記録することでモチベーションとなるのです。**

■生活習慣の改善にも役立つ

もしあなたがダイエットをしていて、「30分〜60分程度歩いた日」はそれをカレンダーに書き込み、○をつけてもいいですね。スクワットを30回やったのであれば、今日の欄に「スクワット30」と書くのもＯＫ。次の日、腹筋を50回やったなら、「腹筋50」と記すのもいいですね。

禁酒に取り組むのであれば、禁酒ができた日は○をつける。貯金ならば、節約した金額を書き込んで○をする。資格の勉強を60分したならば、「60」とその日の欄に書き込んで○をするのもいいでしょう。カレンダーに毎日、○を書いたり記していったりする快感がクセになっていきます。

私たちの記憶はとても曖昧なものです。「記録」をすることで「明日も頑張ろう」という気持ちを次々と生み出していきましょう。

記録するという単純でパワフルな方法は習慣化したいものがあるときに、素晴らしい効果を発揮します。さあ、まずは小さなカレンダーを用意してみましょう！

Check!

カレンダーを用意して、できた日に○をつけていく

5

記憶を定着させるには？

✕ 覚えるまで復唱する

○ 4時間後に有酸素運動をする

気分が乗らないときは、時間の使い方を変える

モナベーションが下がるのは、マンネリ化していることが原因のときもあります。普段のやり方とは別の方法を取り入れてみるのもいいでしょう。

ボイシ州立大学のハイジリーダー准教授によると気分の乗らないときは「ポモドーロテクニック」を使うのが効果的だということです。

25分のタイマーを使って勉強を始めて、タイマーが鳴ったら5分休むということです。ポモドーロテクニック自体は有名ですが、いつもそうするわけでなく、気分が乗らないときに限定して活用すると、いいのではないでしょうか。

「限られた時間だけやる」というふうに区切ることで、「時間的制約」によって集中力をうまく高めることができ、残り時間が減っていく感覚も達成感になります。

運動の意外な効果

いつもと同じ取り組み方が効果的だとは限りません。記憶の定着率を上げる面白い実験がありますので、次に紹介しておきます。

実は学んだことを脳に定着させようと、ずっと机に向かっているのは非効率です。むしろ運動をしたほうが記憶の定着率が高くなるのです。これはラドバウド大学の実験で明らかになりました。

実験に参加した人たちに40分間で90枚の絵を記憶してもらいました。そして、その直後に35分間自転車を漕いだグループ、4時間後に自転車を漕いだグループ、何も運動をしなかったグループに分けました。そして2日後、それぞれのグループの参加者たちがどれだけ絵を記憶しているかをテストしたのです。

その様子をMRIでも観察したら、やはり4時間後に運動をしたグループの記憶力はその他のグループよりも優れていたのです。

私たちの記憶が脳に定着するときにはドーパミンやノルアドレナリンなどが分泌される必要があるのですが、運動によって、その分泌を促すことができるのです。

面白いことに、学習後すぐに運動をした人には記憶の向上は見られなかったのですが、4時間後に有酸素運動をすると、学んだことが記憶に定着しやすいということもわかったのです。

もうひとつ大切なことは激しい運動ではなく、自転車を漕いだり、ジョギングをしたりと**「軽度の運動」がいいということです。**

おなじみのやり方に飽きてきたら、こんな方法を取り入れてみると、気分転換できる上に記憶の定着率も上がります。まさに一石二鳥ですね。

Check!

飽きてきたら、やり方を変えてみよう!

6
この考え方で、やる気が高まる！

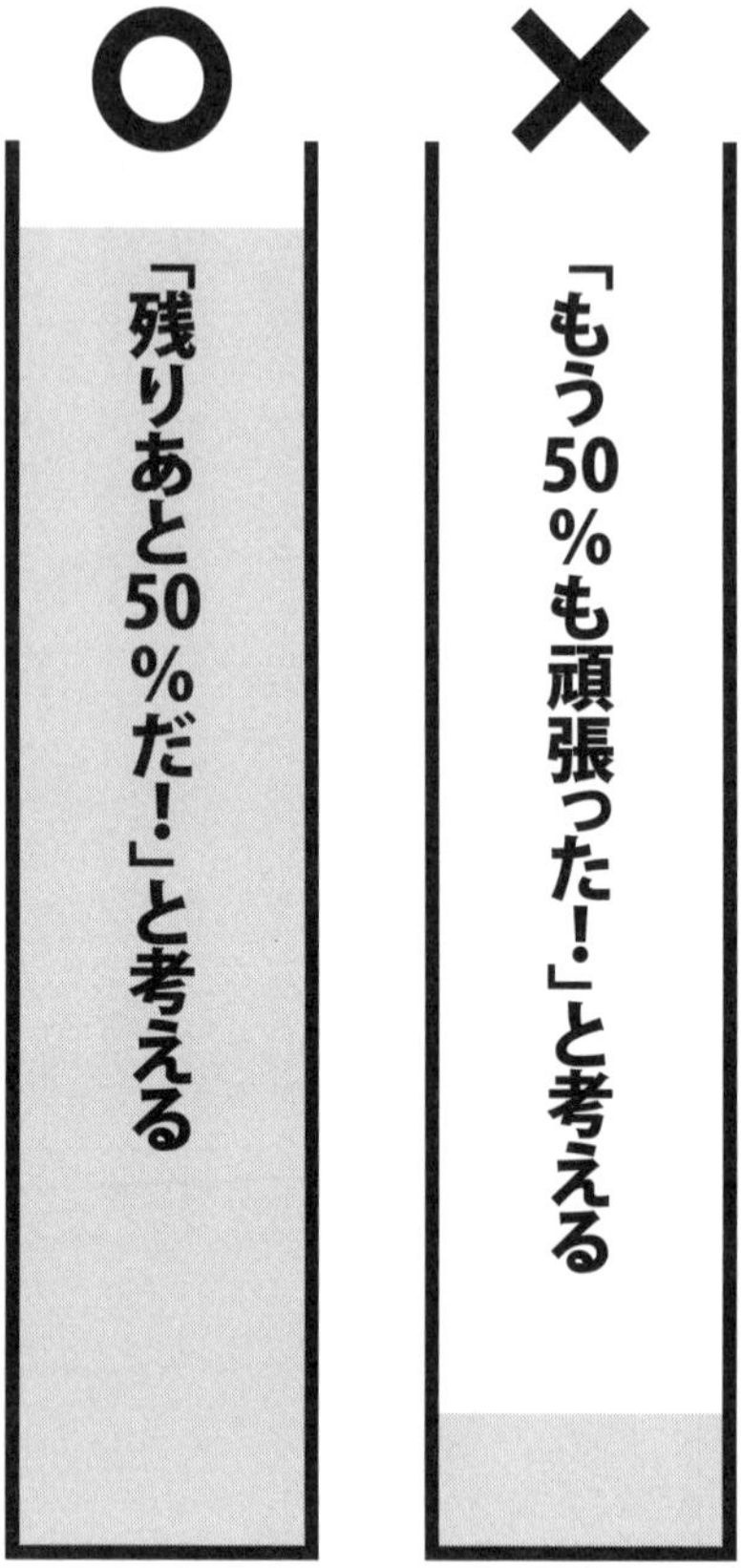
×
「もう50％も頑張った！」と考える
○
「残りあと50％だ！」と考える

■上手なモチベーションの高め方

もうひとつ、モチベーションを高めるためのコツをお伝えしましょう。

勉強やジョギングなど、今日やろうと思っていたことの半分ぐらいを達成したとき、あなたは「もう50％も頑張った！」と考えますか。あるいは「残りあと50％だ！」と考えますか。

『やり抜く人の9つの習慣』（ディスカヴァー・トゥエンティワン）でも紹介されていますが、シカゴ大学の心理学者ミンジョン・クーとアエレット・フィッシュバックの研究によると「もう50％も頑張った！」と考えると、そこで達成感を感じてしまい、早く気が緩んでしまいやすいそうです。**反対に「残りあと50％だ！」と考えるほうが、モチベーションは維持されるというのです。**

「50％も頑張った」と考えてしまうと、100％に達する前に達成感が得られてしまうので、残りの作業のやる気をなくしてしまう、というわけですね。

逆に「残りはたったの50%だ！　頑張れ！」と考える人は、やる気を維持し、さらに高めることが可能なのです。

「これまで思考」と「これから思考」、どのようにひとつの事実にスポットライトを当てるのかによって、頑張る気持ちを上げることも下げることもできるのです。

私はこれを応用して、**50%を超えるまでは「これで30%までできたぞ」と「やったこと」でモチベーションを高めますが、50%超えると「残りあと40%だ」と「残り」に意識を向けるようにしています。**

このように、どのように「達成したこと」と「やり残していること」の度合いにスポットライトを当てるかによって同じことでもモチベーションは変化するのです。

Check!

折り返し地点に来たら、「残りあと50%だ!」と考えよう

7章

「ズル休み」こそ大事！

「怠けグセは大敵！」はマチガイ

1

気分が乗らず、手につかないときは？

×

「自分はダメだな」と落ち込む

○

「こんな日もある」と割り切る

■モチベーション維持のコツ

どんな人にも必ず、気分が乗らない日、心や体が疲れる日はやってきます。そんなときは全くやる気が湧きません。続けていく上では必ずこういうことが起こりうるもの。

こんなとき、絶対に自分を責めないでください。

「なぜ、今日はこんなにできないんだ」「計画通りに進まないじゃないか」と自分を追い込めば追い込むほど、そこはもう蟻地獄の中——。

悪いスパイラルにハマっていき、モチベーションがドンドン下がります。**こんなときは、「仕方がない、そんな日もある」と割り切って、その日は気分転換に映画を見たり、買い物に出かけたりすればいいのです。**そして「必ず、モチベーションが戻るときが来る」と信じましょう。

大切なことは、小さくコツコツと続けていくこと。追い込みすぎてポキッと心が折れてしまってはリカバリーが難しくなります。多少、計画から外れたとしてもゴールまでたどり着けばいいのです。こんなふうに考えて、いったん距離を置くのも手です。
モチベーションが下がったときは、下がったときなりの対処法がちゃんとあります。
それらの方法を一緒に見ていきましょう。

Check!

やる気が出ないときは、思い切って別のことをする

2

停滞期を脱するには？

×
自分をさらにムチ打つ

○
計画的に「ズル休み」する

■頑張り続けるデメリット

なんでも継続が大事。ダイエット期間中は摂取カロリーを減らしたり、糖質制限をしたりと食事制限しますよね。

それだけ自制心を働かせ続けるわけですから、ストレスがたまりモチベーションの低下につながってしまいます。これだと継続させることが難しくなってしまいます。

ダイエットも一直線で体重が落ちていくのではなく、上がったり下がったりを繰り返しながら徐々に落ちていきますから、「頑張っているのにうまくいかない」とストレスを感じて挫折してしまう人も少なくありません。

■チートデイ効果は大きい！

毎日、徹底し続けることが、長期的に見てプラスに働くのでしょうか？

アムステルダム自由大学のマーセル・ズィーレンベルグ教授らの研究では、びっしりとした計画を立て、それをしっかり守る人と、少しゆとりをもって続ける人とを比較しました。

「チートデイ効果」とは？

「チートデイ」を設けることで、3つの効果が得られる

※チートデイとは、「ズル休みする日」のこと。

1
セルフコントロール力
を回復できる
2
モチベーション
を維持しやすくなる
3
感情が安定
しやすくなる

勉強や読書に始まりダイエットに至るまで、適度に休みながら進めたほうがうまくいく！

つまり、「チートデイ」を設けた人と、設けなかった人の比較をしたのです。

「チートデイ」とは、ダイエット中ならば「好きなものをなんでも食べていい日」のことです。チートというのは英語で「ズルをする、騙す」というような意味で、**チートデイは「ずる休みをする日」と考えるといいですね。**


教授らの研究結果によると、「チートデイ」を設けたグループのほうが、目標に向けて長期的に取り組むことができたのです。

チートデイを設けることで、「3つの効果」が得られるとのことです。

- **セルフコントロール力を回復できる**
- **モチベーションを維持しやすくなる**
- **感情が安定しやすくなる**

例えば、ダイエット中でも「好きなものを食べていい日」を作ったほうがうまくいきやすいというわけです。ストイックに何カ月も減量生活を続けているにもかかわらず体重が減らないときに「チートデイ」を設けることで、停滞期を突破しやすくなるのです。

Check!
チートデイ効果は実証されている!

3

成績が伸び悩んだときは？

×
勉強時間を増やし、頑張る

○
週1回、「勉強しない日」をつくる

■上手なチートデイの作り方

チートデイとは「計画的なずる休み」をするということです。

あるプロアスリートの方は、キツい練習がある日は食事も徹底してコントロールするそうです。でも、週1回のオフの日はハンバーガーなど好きなものを食べるようにしているそうです。そうすることで、「また明日から徹底して頑張るぞ！」という気持ちになれるということでした。

■勉強の中休みも効果的

また、**週1回は「勉強しない日」を作るのも一策です。**

私がケンブリッジの大学院を目指していた頃の話です。

当時、イギリスに住んでいたのですが、正直なところ、求められる英語力の高さに何度も心が折れそうになったことがありました。いくら試験を受けても、あと一歩届かず焦るばかり。次第に疲弊していきました。

そんなとき、ポーランド人の友人が「一度、勉強から離れてみると効果的だよ」と

教えてくれました。「頑張らなきゃ」と自分を追い込みすぎて疲弊していたことに気づいた瞬間でした。

翌日、私は参考書などは全て棚にしまいこんで、友人たちとショッピングに出かけたり食事したり、全く勉強に手をつけませんでした。

すると、その翌日、「昨日は休んだから、今日からまたしっかりやろう！」と新たな気持ちで精力的に取り組めるようになったのでした。

真面目な人ほど、「サボったらダメ」だと強く思い込んでしまい、逆効果になっている傾向があります。

一方、上手に良い習慣を継続して、成果を出している人は息抜きがうまいのです。

つまりサボり方が絶妙なのです。週1回でも2週に1回でもいいので、今していることをサボって、好きなものを買ったり食べたりするなど、自分を甘やかしてみてはどうでしょうか。

Check!

上手に休み、リフレッシュしよう

「なんか疲れてきたな」

「少し続けるのが苦しくなってきたな」

こんなふうに感じたら、すぐにチートデイをつくってみましょう。

リフレッシュできれば、翌日から、また新しい気持ちで取り組めるはずです。

上手にサボりながら、やるときはしっかりやっていく。ぜひメリハリをつけて取り組んでいきたいですね。

4

速攻でモチベーションを上げるには？

×

キリのいいところまで、やりきる

○

一時中断して、
やりたい気持ちを高める

■やりすぎに注意！

「腹八分目」という言葉がありますが、好きなものでもやりすぎたり食べすぎたりすると飽きやすくなります。飽きるというのは継続の天敵ですよね。

　むしろ「あと少し」のところで打ち切ったほうが「また食べたい」「またやりたい」と思うので続けやすくなるのです。

「ツァイガルニック効果」という言葉を聞いたことがあるかもしれません。

　旧ソビエト出身の心理学者ブルーマ・ツァイガルニック氏は、**「達成したことよりも、未達成に終わったことのほうが印象**

に残りやすい」という効果を発見しました。

ですから、勉強する際は時間で区切るようにしましょう。

「30分勉強しよう」と思ったら、仮にそのページの途中であっても30分でとにかく区切ってみます。中途半端なところで終えたことで、「もうちょっと、やりたかった」という気持ちをあえて感じるのです。

おそらく「気持ち悪い」と感じると思うのですが、それが狙い。**未完のものは記憶に残りやすいのです。**だから、今やっていることを一時中断しておくことで、休憩後や翌日取り組むときに、モチベーションを保ちやすくなるのです。

Check!

「打ち切り効果」で、モチベーションを維持できる!

5 イライラ、クヨクヨが続いたら

✕ 気を紛らわせようとする

○ 感情を書き出す

■ 感情を紙に書き出そう

ストレスがたまり、疲れてくると、イライラ、クヨクヨしやすくなります。

感情はコントロールしようとすればするほど、手に負えなくなるもの。

どうしようもなくつらいとき、腹が立つとき、情けないときは、自分のそうした状態を潔く認めることが大事です。**認めた上で、感情を溜め込まずに外に出していきましょう。**

感情を頭のなかで整理しようとしても、なかなかうまくいきません。

ですから、感じている気持ちをドンドン紙に書き出してみましょう。

紙に書き出すことで感情と距離を置き、冷静に捉えることができるようになります。

友達に自分の気持ちを話したら、アドバイスされていなくても、感情や思考が整理されスッキリした、という体験はありませんか。

気持ちを言葉にすることで、いろいろな感情が整理されていくのです。

やりたくない気持ちが強くなっているときは、ぜひ、感じていることを吐き出しましょう。スーパーのチラシの裏でも、使わない資料の裏でもかまいません。思いついたことを次々と書いてみましょう。これだけで、どれほどスッキリすることか。ぜひ試してみてください！

Check!

紙に気持ちを書き出せば、イライラ、クヨクヨを捨てられる

あとがき

「千里の道も一歩から」

説明する必要がないくらい有名な一説ですね。

しかし、千里の道は果てしなく遠い――。

一足飛びでゴールにたどり着けるわけではありませんので、歩き方次第では、途中で心が折れてしまいかねません。

一歩一歩の積み上げは大事です。でも、その一歩の踏み出し方で、どこまでたどり着けるかが変わってくるのではないでしょうか。

道中ではたくさんの問題が起こり、ときには心が折れそうになるかもしれません。

そこで本書では、できるだけシンプルな方法で良い習慣が身に付き、「続けられるようになるコツ」をお伝えしてきました。筋金入りの怠け者だった私にもできた方法

です。すぐに実践できて効果が出る方法ばかりなので、一つひとつ試して、その効果を体感していただけると嬉しいです。

続けることの最大の魅力は、「続けた人にしか見えない景色がある」ということではないでしょうか。

これまで挫折の連続でも大丈夫、今度はうまくいくはずです。

さぁ、一緒に一歩を踏み出しましょう！

「まずは、三日坊主でいいや」

それくらいの気持ちでやってみましょう。いつもとは違うはずですよ、きっと――。

著者

2020年9月

プロフィール

塚本亮（つかもと・りょう）

同志社大学卒業後、ケンブリッジ大学大学院修士課程修了（専攻は心理学）。
高校時代、偏差値30台、退学寸前の問題児だったが、高校3年春から大学受験の勉強を開始。早朝の「早勉」でメキメキと成績を伸ばし、同志社大学経済学部に現役合格する。
その後、在学中に海外留学を決意し、早朝の時間を活用して勉強を開始する。努力が実り、同志社大学卒業と共にケンブリッジ大学大学院に合格し、入学を果たす。
ケンブリッジ入学後は、想像を絶する課題量にもめげず、早起きしながら勉強に励み優秀な成績で卒業する。

帰国後、京都にてグローバルリーダー育成を専門とした「ジーエルアカデミア」を設立。心理学に基づいた指導法が注目され、国内外から指導依頼が殺到。これまでのべ6000人に対して、世界に通用する人材の育成・指導を行い、学生から社会人までのべ400人以上の日本人をケンブリッジ大学、ロンドン大学をはじめとする海外のトップ大学・大学院に合格させている。

主な著書に『「すぐやる人」と「やれない人」の習慣』『「すぐやる人」のノート術』『「すぐやる人」の読書術』（明日香出版社）、『心の強化書』（ソシム）、『頭が冴える！毎日が充実する！スゴい早起き』『英語ができる人、できない人の習慣』（小社刊）などがある。

頭のいい継続こそ力なり。

2020年9月10日　第1刷発行

著　者　塚本亮
発行者　徳留慶太郎
発行所　株式会社すばる舎
〒170-0013　東京都豊島区東池袋3-9-7 東池袋織本ビル
TEL 03-3981-8651（代表）
03-3981-0767（営業部直通）
振替　00140-7-116563
http://www.subarusya.jp/
印　刷　株式会社シナノ

乱丁・落丁本はお取り替えいたします。

ISBN978-4-7991-0904-5